改革再出发，你抓住机会了吗？

刘艳◎著

民主与建设出版社

图书在版编目（CIP）数据

改革再出发，你抓住机会了吗？/ 刘艳著. -- 北京：

民主与建设出版社，2015.4

ISBN 978-7-5139-0632-6

Ⅰ.①改… Ⅱ.①刘… Ⅲ.①改革开放—中国—通俗读物

Ⅳ.①D61-49

中国版本图书馆CIP数据核字(2015)第069567号

出　版　人：许久文

责任编辑：李保华

整体设计：曹　敏

出版发行：民主与建设出版社有限责任公司

电　　话：(010)59419778　　59417745

社　　址：北京市朝阳区阜通东大街融科望京中心B座601室

邮　　编：100102

印　　刷：固安县保利达印务有限公司

版　　次：2015年7月第1版　2015年7月第1次印刷

开　　本：16

印　　张：15.5

书　　号：ISBN 978-7-5139-0632-6

定　　价：36.00元

注：如有印、装质量问题，请与出版社联系。

自序
有一种希望叫做改革

从小到大最羡慕作家，羡慕甚至嫉妒人家为什么总能有那么多话要表达，后来才发现真正能写在纸面上的永远是有限的，这世界上有很多是不能说的"秘密"，比如投资成功的诀窍。职业作家和业余作者的区别在于前者有既定的写作目标，而后者却没有，所以惊喜也往往属于无心插柳者，正是结果的不确定性给参与者带来了无限希望和毫无边界的畅想。

人们把细化社会分工视作人类工业文明的代表，殊不知分工的细化往往也会诱导视野的狭隘。于是，当人们厌倦了机械的社会分工之后，开始寻找交叉跨界的乐趣。人类一思考，上帝就发笑；但是当人类停止思考，上帝也会哭泣。真正的人类文明来自对未知世界的探索，更来自于对已知世界的反思。所以，无知也是一种品德，敬畏亦是一种态度；反思固然痛苦，但结果充满光明。对历史的反思永远会伴随着当下的改革，因为人类的贪婪无处不在，其中就包含了对美好未来的贪恋。市场经济改革的大获成功归根结底是基于对人性的激发，重启改革就是重启人性。对人性的解读，使得冷酷的改革拥有了一丝浪漫理想主义，希望总是美好的，现实的骨感至少是为未来的丰满而准备的。

回到我们的现实，人们痛恨既得利益者，但是在今天的中国社会又有几个不是37年改革开放的既得利益者？正是因为有了所谓财富比较，才会有对自身地位的不满。对于全社会而言，物质财富的差距往往不是最可怕的，但却是最容易被发现、最轻易被利用的。人性的优点和缺点通常是统一的，即永不满足。永不满足的特点就决定了改革的永不停息，永葆现在进行时才是真改革的魅力所在。总会有人感叹没抓住改革的机会，如果你明白改革的永动性就不会错过新的机遇。回想当年，该下海的时候，你站在岸边观看；中国股市初创时暴涨疯狂，可在接近尾声的时候你才奋勇入市；当楼市黄金十年该出手买房的时候，你觉得还要再等等。太多的擦肩而过让你的抱怨有了充足的理由，殊不知，市场之所以能疯狂正是因为有人从中受益，只不过那个人不是你。沐浴市场的疯狂不仅需要胆量，还更需要智慧，需要同时具备感知市场信息和判断出手时机的智慧。这类智慧的培养可以来自经验，但是首先要对市场改革有一个本质的认识。对于市场而言，改革的内容永远都在变化，最大的市场规律就是"没有规律"，怎么办？这时就需要一种信念，那就是关于对"市场改革"的改革永远不会停止。市场需要改革，改革自身更需要变革。只要改革不停止，我们的发展希望就不会熄灭，我们的发展机会就会常在。抓住改革的机会不仅要有这种不抛弃不放弃的浪漫主义情怀，还更要有些务实的精神，那就是"学习"。

市面上的财经投资宝典图书已经够多了，各位看官通常是读的时候兴奋不已，合上书却又自叹不如，感觉难以企及。其实，一本真正的好书不在于能够让读者走进作者的内心世界，而是要让读者感悟到读者自己的内心世界，开启读者自己的智慧之门。所以，笔者一直认为，写书和讲课一样，重在启发和激活，而绝非简单的说教和成功经验的灌输。毕竟，能写出来的东西终归是有限的，哪怕其中有一句话甚至是一个词语能够像火种一样播撒在读者的内心，那也是作者的造化。

关注和参与财经评论也有段时间了，编写此书也是受到周围朋友的鼓励。在此，笔者也甚为感激。笔者始终认为财经评论员的社会意义在于第一时间以最接地气的方式与大众分享财经时政背后的投资发展信息。财经评论通常没有高深的经济学理论，而是要给读者一个定制化的结论思考空间。相比提供较参考性的评论信息，通过财经评论让大家点燃投资发展的自信心则更为重要。

房子、车子、票子，这些只有在各位读者建立起属于自己的投资价值观后才会离你更近一步。新常态，新心态，有一种希望叫做改革，改革不止，希望不灭。

刘艳

2014年12月12日

于北京大学

目录
CONTENTS

第二篇　我的房价谁做主？

第一篇

治理转型是中国经济的"刚需"

7.5%背后的艰难抉择

中国经过多年的追赶式经济发展，已经掌握了拉动GDP的各种手段，"中国模式"创造的经济增速奇迹令世界为之瞩目。突然，有一天，中国经济却发现自己只认得油门却不会踩刹车了，这在全球经济周期性衰退的大环境下可不是件好事。中国经济增长多年来饱受"生死时速"魔咒困扰，一旦降速就面临"硬着陆"的危险，可是不降速就难以实现经济结构转型。

新一届政府决心学会踩刹车，这个刹车片就是7.5%，将中国经济增速控制在7.5%左右。其实7.5%它不是一个底线，而是一个区间，这个区间彰显了我国经济发展的新常态。中国经济这匹千里马终于套上了具有弹性的缰绳。2014年10月20日，国家统计局数据显示，三季度我国GDP增速放缓到了7.3%，创下了2009年一季度以来的新低。其实7.3%绝不是一个可怕的数字，相反我们需要慢下脚步来观察一下，换换档位，调调速度。只要我们一直处在运动过程当中，哪怕是原地踏步，也就有前进的动力，有动力就有希望。

数字永远是抽象的，生活永远是具体的，7.5%是近两年最火的宏观经济数字。相比较GDP7.5%这个明星数据，老百姓对猪肉价格更感兴趣，CPI的民间号召力更强。2014年10月15日，国家统计局发布的数据显示，9月份全国CPI同比上涨1.6%，涨幅较8月收窄0.4个百分点。这是继2014年4月后全国CPI同比涨幅再次回到"1"时代，并创下自2010年2月以来的新低水平。这次CPI的走低似乎与猪肉的价格关系不大，GDP增速的放缓使得经济紧缩的压力陡增。经济结构的转型不能始终在探索阶段，需要扎实的身体力行。产业升级是经济转型的先行军，在这方面我们吃过太多亏，最后不得不承认产业的升级最终要依赖企业的动力。政府只是一个政策产品的供应商，创新的任务最终要由市场的主体来完成，创新的价值最终要以资本回报为标尺。

企业、行业、产业，是构成国家经济发展的市场主体。政府作为国家发展战略的制定者与执行者，是为经济发展提供保障和服务的公共组织。国家制定政策的层面定位在"产业"，企业和行业层面的发展与管理主要依靠市场竞争机制调节以及行业自治式管理。产业要实现升级发展需要来自国家、企业、个人的综合努力，但是如何实现对各方积极性与能力的激励的问题只能从产业制度结构和绩效层面来解决。在构建国家产业制度之前，要对"什么是推动产业发展的动力源泉以及谁是实现产业升级发展的真正推动者"这个问题进行明晰和判断，因为这个问题是产业发展政策制定的现实逻辑起点，若缺乏对产业发展动力机制的研究，产业政策的制定与执行必然是低效率高成本性，甚至产生诸多负效应。

产业升级发展是国家经济增长与发展的重要引擎，推动产业升级发展的动力来自对产业发展成效的诉求，即产业升级发展究竟是谁的诉求？是国家、企业，还是个人？产业发展的终端受益者是公民，而直接受益者是由执政政府代表的国家，企业是间接的技术和贸易受益者。从推动产业发展的动力机制角度分析，推动产业升级的动力来自国家可持续发展的要求、未来国际产业竞争的需求、企业谋求新发展领域的渴求。国家和企业是产业发展的共同推动者，而并非由国家单一主导推动。一个国家产业发展能力依靠的是国家能力与企业能力的共同提升。

自新中国建立到改革开放之前，尽管面临发展艰难和国外的技术封锁与经济孤立，中国人民用勤劳与智慧完成了许多重大技术"从无到有"的创举。进入20世纪70年代末开始的改革开放，国家集权式产业升级策略在改革开放初期获得了数量可观的技术产品引进，以市场换技术的产业升级路径对国内原有技术研发基础带来了巨大冲击。经过20年的技术引进过程，我们发现我国产业发展对国家权力的依赖度与日俱增，产业结构的调整单纯依靠行政手段，而作为产业发展的另一个动力源即企业的创新力量并没有实质性的增强。究其原因，不是中国人不勤奋不智慧，而是缺乏挖掘和调动国内企业创新能力的激励与产权制度。产业升级目的的直接体现是让中国成为制造业和高新技术产业大国，而非"加工大国"。"以市场换技术"策略最终只能是一厢情愿，毕竟核心技术的拥有国来到中国拓展市场的根本目的是销售盈利而不是技术援助。

然而，被破坏掉的自主技术生产平台或组织要想实现重建，必须付出比新建技术平台更高的经济与社会成本。即使厂房、研发仪器等硬件设施等得到恢复和增强，而若缺乏持续的经验积累与技术沿革，缺乏特定产业的特定生产组织能力，最终也只能是从零干起。生产技术升级的本质是生产能力的升级。

针对中国产业升级发展过程中的问题，我们需要反思的方面有很多，其中最根本的是要了解谁在推动升级与发展，谁最需要产业的升级。经过分析，我们会发现，国家发展需要创新，而创新的重要载体与实体是企业，政府并不直接进行创新，企业才是创新的实现主体。而产业升级归根结底要依靠创新来引领，创新的价值则依靠强大的生产组织来实现，前者来自企业，后者则来自国家。因此，政府能力与企业能力的共同体才是中国产业升级发展的真正动力。

改革是拉动中国经济的第四驾马车

自20世纪70年代开始至今的改革开放让中国创造了持续30年经济高速增长的世界经济奇迹，人们赞叹中华民族的理由不再局限于中华古代文明这一个方面。两位数的GDP增长速度、连年翻番的社会财富积累、快速跃进的城市化建设，似乎都在证明今天的中国正在谱写着中华民族前所未有的国家发展新篇章。于是，2004年一位名叫拉莫的美国人提出了所谓的"中国模式"。

任何一个国家的发展都不是无意识发展，国家层面的政策规划以及社会层面的需求影响让国家经济社会发展形成了特有的过程，再经过对过程和客观事实的总结归纳，提炼出所谓的国家发展模式。

"模式"通常是指某种事物的标准样式，模式具有固化性和可复制性。结合"中国模式"提出的现实背景，所谓"中国模式"是指中国经济增长和社会发展的独特过程与路径。然而鉴于各国各时期的内外环境的特殊性以及各国文化意识形态的继承性，每个国家的发展"模式"都很难复制，因此，"中国模式"的概念不能被理解成一种国家发展的标杆和模版，而仅仅是一种对中国经济社会快速发展的现象的总结归纳，同时也是提出了西方社会关注的命题——为什么一个信奉儒家中庸思想的民族能在崇尚竞争的市场经济时代崛起。

尽管"中国模式"并非出自某个经济学或社会科学理论，但依然引起了许多学者的关注和讨论。似乎热议"中国模式"已经成为了研究中国问题的时尚。但是，思考一个国家的发展模式毕竟是一个严肃的问题，缺乏严谨验证过程的假设终究是苍白无力的。从一般逻辑上讲，"中国模式"不仅包括经济发展问题，而且包含国家发展的各个方面、各个层面。但出于研究论证的可行性和"中国模式"要表达的核心特点，本文对"中国模式"的思考围绕"中国经济发展模式"展开。

归结各种针对"中国模式"的评价与观点，思考该问题的视角有二：一种是支持"中国模式"，认可"中国模式"创造了经济奇迹；另一种则是认为中国发展得益于回归市场经济，而非所谓"中国模式"，甚至不承认"中国模式"的存在。

显然，这两种思考视角都有一种通病，那就是极端化。任何极端化的事物都是邪恶的，"中国模式"不是灵丹妙药，也绝非万恶之源。那么我们为什么不能跳出这种非此即彼的思维方式呢？毕竟为了论证"中国模式"而论证"中国模式"是毫无意义的。模式永远代表过去，对未来的思考才是意义所在。所以，笔者将在本文中站在反思问题的角度，对"中国模式"展开第三种思考。

在展开分析之前，首先要对"中国模式"的核心要点进行认知。30年的国家发展成就的客观事实和自我革新的发展路径说明"中国模式"的存在无须置疑，"中国模式"所阐释的核心特点可总结为：政府主导、权威经济、集权发展、步调一致。归结一句话：集中力量办大事。经济发展方式的转变和财富分配规则的变革造就了今天经济总量世界排名第二的中国，也造就了人均收入分配世界排名倒数的中国。"中国模式"的矛盾性带来争议的同时更带来了新的思考空间。

基于上文提出的对"中国模式"的本质认知，同时根据实证研究需要经验判断这一基本研究逻辑，以及通过对中国经济三个风向标的分析来提出对"中国模式"的新思考。

按照"集中力量办大事"的政策逻辑，动用国家力量去直接生产和提供市场资料和商品，在发展初期是高效的，随着市场供需关系的基本建立，供求之间信息不对称的交易行为也随之产生。这时如果依然实行行政指令式的市场调控行为，带来的不是生产和消费效率，而是日益扩大的寻租空间和产业的逆向淘汰，让国家经济最终丧失竞争力和创新动力。辩证地进行分析，"集中力量办大事"的同时也会带来"集中办错事办坏事"。"中国模式"的本质是权力经济，权力经济的本质是掠夺式发展。"中国模式"的要害问题在于"成也权力，败也权力"。跳出这个发展怪圈，正是本文建立第三种思考的现实意义所在。

股市、楼市、车市是中国经济发展的三大风向标。三个市场虽然都是在开放市场经济的背景下形成的，但极具中国特色，很难用西方经济理论和社会科学研究视角来分析。30年来，中国式发展的成功之处在于对人性的解放，对市场经济的回归；失败之处在于市场分配服从于权力垄断。

中国股市开放20年，在打开人民资本收入新渠道的同时也造就了庞大的监管审批权力群体。审批制的推行创造了寻租空间，权力与金钱的结合让股市成为圈钱者的乐园。2007年10月上证指数从6124点到2012年10月的2123点，2008年金融危机爆发时57%的股市跌幅成为所有中小股市参与者永久的痛。而我们的主流媒体在舆论管制体系下不但没有报道这场地地道道的股灾，相反纷纷刊登"经济危机下，中国这边风景独好"

的社评。一位北大著名经济学家曾言"我不再研究中国股市"，正所谓赌场尚有规则，何况股市？

再看楼市，房地产业关联了60多个产业、3000多个行业，每个房屋产品包含至少18000个子产品。如此高的关联度，足以让房地产业成为中国经济发展轨迹的一个典型缩影。若要问"中国经济为何增长如此之快"，我们可以透过房地产业中"房价为什么这么高？"这一问题的答案逻辑来解读中国的非典型性发展模式。

在发达国家500强企业中难觅房地产开发商的影子，而在中国的500强企业里70%以上都是开发商或者靠房地产业务上榜的。我国20年来的房改之路，创造了无数致富神话，90%以上的开发商都是"白手起家"。在国外是财团做地产，在中国则是穷光蛋做地产。难道是那些开发商比一般人更勤奋更聪明吗？显然不是，是政府制定的市场游戏规则让开发商赚钱赚到不好意思。而真正的房地产利润分配，开发商只占到40%不到，60%的利润都让地方政府和银行赚取了。这种游戏规则的特点集中体现在土地出让制度上。在现行的土地出让制度下，政府依靠土地出让博取政绩和财政收入，开发商则一次性购买土地的70年使用权，在税费交织的房地产成本体系下，土地增值税形同虚设。开发商的核心利润来自土地的增值，例如一年花费30万元/亩的价格购买一块土地，什么都不用做，还可以抵押给银行贷款，放到第二年土地价格升值为50万元/亩，用银行和预售的钱进行开发，最后赚得的利润全部归为己有，银行、政府分别获得利差利润和土地收入。而真正为土地增值做出贡献的不是开发商，而是土地所在城市的人民，是人民的劳动建设让城市变得更美好，土地的价值才能提升，而土地出让的收益最终应该回馈给人民。孙中山先生曾提出"平均地权，涨价归公"，然而，中国房地产业经过疯狂发展之后，不但没有让人民享受到土地升值带来的资产收益，相反留给人民的却是居高不下的房价。

若问"房价为什么这么高？"答：地价难降，房价何有降价之理。面粉贵，面包只会更贵。土地垄断、银行垄断的游戏规则造就了今天的高房价。衣食住行是公民的基本权利，由高房价带来的社会矛盾问题越发突出，这也是"中国模式"带来的诸多社会负面影响的缩影之一。房地产业是中国权力经济模式的典型代表，这不是让开发商流淌道德血液就能解决的问题，即使要输血，政府首先应该流淌道德的血液。没有公共服务伦理的政府只是与民争利的国家机器，其破坏性远大于某个行业。所谓"中国模式"，说到底是中国式发展规则、中国式财富分配规则。制度规则不与时俱进，"中国模式"必将成为阻碍发展的代名词。本文对"中国模式"的思考不是建立在对"中国模式"的善恶评价之上，毕竟"中国模式"的现实意义远大于它的理论研究意义。笔者希望用第三种视角，即探讨"中国模式"是否会给中国未来发展带来阻力的角度进行反思。

37年改革开放至今，日益暴露出的社会经济问题证明了"中国模式"适用的阶段性，政府主导的经济发展模式在之前30年具有总体优势。但如果忽略"中国模式"的特殊的内外部环境变化，忽视问题的存在，那么，"中国模式"必然伴生低产权保护、权力阶层的寻租、自由思想市场的抑制、经济发展政治竞争化等特点。这些特点将随着经济发展阶段的变化，变为阻碍经济继续发展的劣势，从而抑制中国真正复兴的大转型。

投资、出口、消费曾经是拉动中国经济增长的三驾马车，如今出口乏力而内需不足，投资缺乏效率，传统的权力经济发展模式难以为继。一个国家经济崛起的初期靠的是技术革新和劳动成本优势，而真正的持续发展则要靠先进的制度和不断优化的社会经济规则。因此，改革是解决当前中国制度困境的根本办法，是中国经济发展的根本动力。

微时代的政府公信力再造

人类社会关系的核心构件是信任，信用体系则是对社会信任的制度规范。人类政治生活的本质也是一种社会关系的搭建，根据现代政治的观点，政治生活的需求是通过委托第三方即政府来实现公共服务的供给进而得到满足的，这也是政府的起源与存在的必要性。随着公共需求的数量与种类的不断增加，政府被赋予了数量更多、力度更强的行政权力。同时，事实表明，民主政治进程推进的目标不是将政府推到人们政治生活的边缘，而是成为实现公共利益的核心动力，毕竟现代社会的复杂多变需要一个强有力的权力运转主体组织和配置社会公共资源。但问题也随之而来，政府是公共服务的提供者，是社会契约关系的维护者，是公共信用的建立者，但是，政府自身的公信力又由谁来塑造和维护呢？

面对人类进入信息化社会后，信息技术带来了政府公开一切的技术可能性，这必然会刺激公民获取公共信息的权利意识，对政府的信任要求不是降低而是提高了。那么，作为当前集互联网技术快速传播优势于一身的各种"微"信息传播平台，又会对政府的公信力产生什么样的新影响和新动力呢？

所谓微时代，是对信息技术中一种互联网技术产品的概括，即以微博作为传播媒介代表，以短小精炼作为文化传播特征的时代。微时代信息的传播速度更快，即时性强，传播的内容更具冲击力和震撼力。对于接受者而言，消化信息的时间非常有限，而信息内容与数量却异常丰富。目前国内微产品以微博为代表，其140字微博的流行，促进阅读进入"微时代"，人们通过亲身写微博、发现场图片、读微博之后，实现了对公共社会的参与与意愿表达。微时代信息传播的重要特征就是终端传播工具的移动性、传播速度的瞬时性、信息传播结构的扁平化。

各种微产品所带来的不仅仅是互联网的新形态，也是媒体传播的新格局。它们以外包式的新闻聚合起每一个微小的个体，即参与政治生活的公民，这种"微信息"和"微交流"甚至推动着"微革命"。把微博和革命联系起来的，是伊朗在2009年6月围绕选举而发生的抗议。德黑兰在大选之后的骚乱消息像野火一样在Twitter（美国社交信息传播网站）上传播，并被BBC和NPR这样的新闻网拾取并在全世界予以扩散。由于德黑兰封锁了手机短信传送并屏蔽了若干网站，Twitter成为伊朗人满足信息渴望和对外发声的替代网络。微时代对政治秩序的影响原理在于：某个体分享了某个观点，更多的个体看到之后继续分享给其他人。通过这样不断地分享，就可以实现群体决定。公民无法参与国家最高权力的分配与运用即宏观政治，通常参与的是日常化的微观政治。对微观制度的参与虽然并不必然地在逻辑上可以推导出宏观结构的调整。但是，当个体因为认同某个观点而不断分享时，他们就聚集起来形成一股力量，一股甚至可以改变国家政策、社会秩序的力量。

所谓政府公信力，可以追溯到人类社会对"信"这个概念的传统理解上，我国思想文化传统中并不缺乏"信"的理论，比如信与实、信与约、信与道德、信与功用、信与事先承诺、信与利、信与义等。在古代，传统政治体制下的政府信任概念局限于政府的主观意识宣传，缺乏被统治者的参与和认可。现代政治学意义上的政府公信力源自社会契约理论，是指政府在公共社会中获得信任的程度与能力，这种信任的主体正是与政府达成契约关系的公民。当政府按照事先约定兑现公共服务承诺时，这种公信力必然提升，但是当政府未能兑现承诺甚至刻意隐瞒真相时，政府公信力则必然下降，这也就是政府公信力提升过程不可逆的现实困局。相反，当政府正确且熟练地掌握和运用与公民建立信任关系的技术工具时，则能够获得公信力的维护和提升。在现代信息社会，政府公信力代表的不仅是一种执政形象和执政合法性，更代表着一个政府的执政能力，这种政府能力运用到国家发展上则是一种国家软实力的体现。

人类社会中的公共权力自产生起，便面临不断证明自身存在合理性与正当性的问题。政治认同作为公众对政治权力的一种政治评价，与政治合法性是紧密相关的，是政治合法性产生的中介。从政治统治者的角度来看，政治认同本质上就是追求自身政治合法性的问题，从被统治者角度来看其实是个政治评价的问题，外化为政府公信力水平的高低。任何政治系统只有赢得社会成员的广泛认同，才能形成凝聚力并维持公众对政治系统最大的忠诚与信仰，并由此获得社会政治稳定的内生动力。政府公信力作为一种政府能力，与掌握国家军队等强制暴力性权力不同，具有非强制性，即要获得公民的"心服口服"。政府公信力的终极目标是获得公民的忠诚与信仰，这种意识形态层面的目标在现代社会中依靠的不是简单的宣传灌输，而是依靠建立制度化的政府公共信用体系来实现的，这种政府公共信用体系实质上是公民对政府掌握公共权力的合法性和正当性的认可体系。

　　微时代之前，即20世纪后期开始，世界各国的政府就不断受到因信息技术革命而带来的治理危机，政治集权、寻租腐败、愚民统治等权力行为越发受到约束，不管政府主观上是否愿意，政府管理变革已不可避免，而社会就在这种政府与公民的博弈磨合过程中取得进步。微时代的到来更是给政府应对来自未知社会个体的质疑提出了更加严峻的挑战。微时代对政府公信力的挑战性启示在于当今社会的变化与技术进步只会越来越快，政治参与的开放程度只会越来越大，这已经成为不可逆的时代发展趋势。政府所能选择的公信力提升路径只能是顺势而为，以微信息之道应对新的危机，即适应环境、反思制度。这必然带来政府公共信用体系的重构。这种重构不是简单的再造，是对现有危机管理资源的重新配置，对信用危机管理理念的纠偏。

　　要选择好政府公信力提升的方向和路径，首先要分析造成政府公信力流失的关键因素并权衡由于政策路径依赖所带来的重构成本。公民对政府的不信任是一种根据客观事实而做出的主观认识，政府的失信行为与失德违法行为让公民对政府丧失了信心和信任。政府公信力流失的主要因素来自政府与公民两个方面。政府方面的制度缺位和权力失衡是根本原因，公民诉求表达缺乏制度性渠道，只能借助诸如网络等平台。因此，不管政府动用多少人力物力财力都无法完全让公民的声音彻底销声匿迹。另一方面，公民的民主意识随着社会教育水平的增强以及国际国内交流的日益增多也在不断提高，特别是当公民在现实中发现与政府宣传报道不一致的政府行为的时候，公民不但会失去对某个政府行为的信任，更严重的后果是公民对政府其他哪怕是正确的行为和信息公开也会产生不信任，从而对政府信任逆向选择，即所谓的"宁可信其无不可信其有"。总之，在对政府的监督方面，公民对媒体监督的依赖程度越高，对政府的信任程度就会越低，所谓网络反腐就是如此逻辑。

提升政府公信力的方向和路径明确后，政府公共信用体系的制度设计是实现路径目标的实现手段。政府公共管理有待变革的方面很多，而根据对政府公信力升降的诱因分析，制度设计的关键环节围绕政府公信力评价体系展开，因为公信力归根结底是公民对政府的评价认知。政府公共信用评价体系的运行规则要从两个角度进行设计，一是在政府内部管理体系建立公共信用考评机制，作为政府绩效考核指标；二是在公共服务过程中建立向全民开放的政府公共信用评价体系，并通过法规政策保证强制性执行。评价信息的收集可通过各级行政区设立实体采集点、政府网站、微博、电子邮件、电话等方式进行，信息采集后的统计处理方法和过程予以公开，做到过程与结果的双重透明。

建立政府公共信用评价体系本身不是目的，评价体系只能作为考核政府公信力的决定性参考依据。个体行为约束机制的奖惩机制，对于政府行为的约束方法主要是在宪法和法律框架基础上建立行政问责机制，对失信于民的政府部门与官员进行行政和法律层面上的追责。没有行政问责机制，意味着当政府因守信所产生的成本比失信行为所需承担的执政成本低的时候，政府取得公共信任的动机不足，进而选择不守信，最终必将导致政府公信力的进一步降低。

信息技术的革新给政府公开透明带来的不仅仅是挑战，更是其重拾或提升公信力的机遇。公民通过微博来表达看法和诉求，政府同样可以利用微博作即时沟通，当然前提是政府不能利用手中的行政权力试图屏蔽公民所发的信息，任何超出宪法边界的管制行为首先就是违法的。对于网络上的真假信息，政府能做的就是回应式危机处理，而绝非封杀式危机处理。

政府公信力制度设计过程中要特别建立针对底层社会成员利益诉求的通道。微技术让公民特别是底层社会成员拥有了表达政治、经济诉求的工具，而这个群体对社会的绝望往往是引发社会动荡的主因。中国经济急速转型，经济分化剧烈、社会分化明显，出现了"利益直接受损群体"。他们际遇不顺，社会地位下降，总体上沦为低收入弱势群体。他们对物价上涨特别敏感，对贫富差异特别愤怒，对官员的傲慢以及不作为、乱作为现象特别反感，怨天尤人情绪尤为浓厚，其抱怨代表了"民怨"的很大部分。

底层社会的民怨已成为聚集社会张力的核心动力，稍有不慎，就有可能将隐忍的社会不满表面化，进而演化为激烈的社会冲突，对社会稳定起着强大的破坏作用。因而，社会公共政策必须对他们给予更多倾斜，且施以实实在在的社会救助。

"当政府不受欢迎的时候，好的政策与坏的政策同样会得罪人民"，古罗马政论家普布里乌斯·克奈里乌斯·塔西佗这样解说他的执政和思考结论。这就是著名的"塔西佗陷阱"，在中国思维语境里是以寓言"狼来了"和典故"烽火戏诸侯"来表达的。"塔西佗陷阱"作为西方政治学的一个定律，用在政府公信力问题中，可表达为：当政府不受信任的时候，政府怎样做都会受到公众的质疑和批评。但是，面对公信力的下降，任何明智的政府都不会选择"自暴自弃"，而是会"知难而进"，毕竟应对信任危机的最佳途径是亡羊补牢。

就像当初没有人能准确预料到网络信息技术能给人类的政治、经济、生活带来如此翻天覆地的变化，今天的微时代也正在经历这个过程。个体将信息进行分享的时候就是信息快速传播的时候，政府如果墨守成规，未能占据公信力塑造的主动地位，那么后果只能是失信于民，最终丧失政府公共管理的合法性和正当性。

地方债究竟该怎么还？

2014年下半年，正在经历着经济结构调整阵痛的地方经济，似乎又迎来诸多刺激地方增收的时机。除了"十一黄金周"这种给地方政府带来短平快门票收入的假日盛宴，更有期待已久的房地产救市政策。央行房贷松绑赋予地方限购松绑最大的拯救楼市的金融工具支持，行政调控与资本工具的结合让各地楼市重振旗鼓具备了更加可行的办法。但就在地方政府为经济增长重获新机而欢呼的同时，中央明确了对地方债采取不救助的政策原则，这对已经犹如热锅上蚂蚁的地方债危机浇了一桶"冰水"。

国务院在2014年"十一"放假期间发布了《国务院关于加强地方政府性债务管理的意见》（以下简称《意见》），将近30万亿元规模的地方债务问题终于得见天日，这其中就包括了《意见》中所概括的由政府直接举债的政府债务和由政府相关企事业代为借债的政府性债务。"政府"与"政府性"容易被质疑玩文字游戏，但其实这正是《意见》带来的第一个积极信号，即承认并公开包含隐形债务在内的地方政府的实际负债规模，这背后透出改革的勇气与决心。比承认隐形债务更刺激地方政府神经的恐怕是中央明确对地方负债不予救助的治理原则。地方负债而中央追着还债的局面将成为历史，这令很多地方政府倍感紧张。谨慎举债必不可少，但是过度紧张大可不必。这份《意见》的出台明确了两大政策利好信号：一是中央不救助原则针对的是滥用举债发展经济的地方政府，不救助的背后是不过度干预，这本身就是行政放权，不救助就是最大的"救助"；二是正式开启市场化解决地方债问题的制度路径。

债是一个单人旁，旁边一个责字，什么意思呢？它是有一份责任在里面，如果你不还债会追究你的责任。借债发展对于企业发展来讲，是利用资本周期杠杆撬动收益的一种盈利方式，但是对于政府来讲，借债发展的目标不能只盯着撬动财政增收的"盈利"目标。政府通过发行债券来举借社会民间资金并将其投入到区域基础设施建设和招商引资等产业发展领域。其中，对土地的一级开发与产业用地出让背后的政策税收大幅优惠都使得地方政府不得不通过举债来满足开发需求资金。这也就形成了今天我们所看到的一边是地方依靠土地出让坐地生财；另一边却是地方不断扩大借债规模，甚至借新债还旧债，似乎永远有偿还不完地方债务，也就是所谓的入不敷出。然而，以地方政府强大的GDP保增长能力，调整财政支出结构，缩减不必要的"三公"经费与招商吃喝费用，是完全具备"扭亏为盈"治理潜力的。《意见》中要求对地方政府债务实行规模控制，实行限额管理，额度由国务院及人大常委等中央决策系统根据各地方发展风险评估结果进行设定，严格限定地方政府举债程序和资金用途。把地方政府债务分门别类纳入全口径预算管理。显然，《意见》对由于长期入不敷出而累积的地方债风险进行了制度性约束监管，并引入风险评估机制，这比在地方债危机爆发后直接"救助"即给钱补窟窿更有效果。中央只监管且不救助的原则标志着中央对地方债务的监管将亡羊补牢的事后管理转变为防患于未然的事前管理，这将给中央财政制度改革带来标杆式的影响。

　　俗话说，欠债还钱，天经地义。这条民间真理早就被疯狂借债与攀比式发展的地方政府所打破，这与我们原有偏爱GDP增长的政绩考核机制直接相关。这次《意见》提出将地方政府债务管理纳入干部政绩考核无疑是对症下药，颇为及时，这就好比给狂奔的地方债野马套上了缰绳。在扼制地方债务风险的同时，我们也不能忽视地区经济的发展，依靠借债与卖地来拉动地方经济增长的粗放式发展随着中国经济发展结构调整的深入愈发成了地方政府不具备可持续发展能力的负面标签。地方政府与参与城市建设的企业都陷入了摸不清发展方向的苦恼，毕竟借钱开发建设总比依靠扶持发展产业增加税收的钱来得更容易。地方政府都想以短平快来创造业绩，甚至寅吃卯粮也在所不惜。现在可好，《意见》来了，地方债究竟该怎么还?

　　其实答案就在《意见》里面。中央强调将地方政府借债与企业借债严格分界，分清责任，风险共担，也就是市场的事情归市场管。政府借助发债来刺激经济，这是现当代公共管理的借鉴市场化手段的体现，且比直接收税缴费方式更加民主透明。但是，利用市场化手段借钱发展的同时要求地方政府必须具备偿债能力。市场化借钱容易，市场化还钱可就没那么容易了。政府本来就不是社会商品的生产交换单位，如何创收? 如何还钱? 首先，要承认和明确地方政府债务的金融属性，这涉及金融资源的支配权问题。在地方政府融资举债环节就建立债务利率的市场化定价机制，确保政府与合作资本能共同遵守市场利率规则的，风险共担盈亏自负，控制地方政府还款成本;第二，在中央政府级别建立地方债务风险评估体系的同时，必须引入社会第三方机构参与地方政府的信用评级，如此才能消减民间合作投资者对地方债信息不对称的难题，提高地方政府借贷信用，所谓"好借好还，再借不难"；第三，尽管从回归地方政府债务市场金融属性的角度，我们有办法降低地方债的金融风险，但是归根结底，地方政府不是企业，地方政府盈利本身是一种治理悖论，只有将区域经济发展重点放在创新事业与产业规划软实力的打造上，才能获得可持续发展的机会，让地方政府负债率处于可控范围之内。地方政府的合法"收入"只有取之于民用之于民的税收财政而已，至于通过发债借到的钱不仅早晚要还，如果不能将其变为拉动扶持当地产业发展的资本动力，最终必然成为越滚越大的债务雪球，地方债的换届转移最后变成了击鼓传雷。

　　老百姓遇到困难借钱度过生活难关，企业借钱获得发展本钱，地方政府借钱能干什么呢？地方债务的定向支出管理也是《意见》的重要内容，地方债的神秘面纱既然已经揭开，如果没有坚定的执行措施，那么掀开的就不是简单的面纱，而是潘多拉魔盒。中央不再救助，不是逃避，而是让地方债回归它的金融工具属性，这是市场化解决地方债问题的第一步。说不清楚的钱最容易权责不分，借钱的时候争先恐后，还钱的时候相互推诿。总之，地方债究竟该怎么还？开源节流，产业为先，摆脱坐地生财的土豪式经济增长方式才是根本。

将反腐转换成生产力，土地审计首当其冲

　　随着中国反腐进程的深入，2014年国家审计署将严审15万亿元土地出让金的新闻一经发布就引起各方面的高度关注。人们普遍认为此轮针对土地出让金的大审计将掀起更强的反腐高潮，但笔者认为除了要关注审计背后的反腐力度之外，更应聚焦审计风暴过后的土地财政将何去何从。改革开放以来，中国地方政府在土地出让及开发改造中暴露出的问题已经不仅仅局限于土地出让金的收支不规范问题，而是贯穿于整个城市土地开发建设过程。但巧妇难为无米之炊，毫无疑问土地出让金环节违规是制造地方财政困局与城市建设寻租腐败的关键源头。对于土地出让金收支审计往年都有过开展，但是并没有在事前规范和事后追责的环节给予重视，审计变身摸底统计，而对审计查出的问题则没有进行有效地追究和改善。因此，对于此轮土地出让金的审计风暴更重要的意义是开启未来土地出让金的规范之路，完善事前监督事后追责，让土地出让金回归作为城市基金进行规范管理的属性。

　　土地出让金本质上是国家为支持地方城市建设而允许地方政府对土地使用权进行有偿转让出租而获取的地方建设基金，需专款专用。土地出让金不是简单的土地买卖价格，而是该区域土地价值的货币表现，要随着城市建设发展而呈现长期价值增长且同时让该城市居民不断获益的土地资金制度。从2004年到2007年，四年间全国出让土地总面积为80万

公顷，合计土地价款31024亿元，折合387.8亿元/万公顷。接下来从2008年到2013年的五年间，土地出让持续量价齐升，多次出现爆发式增长。仅2013年一年，全年土地出让面积达37万公顷，出让合同价款42000亿元，折合1144亿元/万公顷。至此，土地出让节奏达到最高峰，相比十年前增长了300％。如果按照土地出让金的本质属性，城市居民应该是土地增值后的实际受益者，但显然伴随土地价格十年增长的不仅有城市硬件的突飞猛进，还有十年只涨不跌且严重脱离居民支付能力的高房价，地价和各种税费占到了房价的40％。土地增值造福城市，但是居高不下的房价却让城市居民望而兴叹，那么土地出让金惠及于民的功能去哪了？归纳起来，土地出让金的问题主要体现在三个方面：一是寅吃卯粮，透支土地收益，当届政府全力卖地增加地方收入，下届政府无地可卖可用，压抑地方经济持续发展；二是巨额利润诱使不可避免的权钱交易空间始终存在；三是专款不能专用，土地出让金支出缺乏专项透明收益分配机制。高地价高房价的问题核心在于我们的土地出让规则对长达70年或50年的土地收益分配没有持续分配使用的长期规划，而只注重短期土地收益，外加换届经济的盛行，地方官员的卖地冲动只增不减。自从实行土地招拍挂、地块出让制度以来，地方土地出让实际上是半市场化运行，交易者以价高者得为原则，政府作为土地出让主体制定各种规则门槛，同时以市场化高价供地，手握行政权力与市场定价权的政府在城市土地出让环节具有不可挑战的绝对主导地位，这样难免不会招致金钱收买的诱惑。

正所谓山雨欲来风满楼，不同于以往的和风细雨式的审计，在深化改革与反腐攻坚的大背景下，此轮土地出让金审计直指土地腐败，必将是暴风骤雨，治理力度空前。结合当前情况来看，审计系统已在内部下发有关此次审计的相关操作指引、报表及填表工具以及过往案例介绍，部分基层的审计人员也已进行驻点，这标志着全国性的土地审计工作即将进入实操阶段。预计重点纠察的土地违规顽疾包括违反国家供地政策，出让主体不合法、违规发证，出让后擅自改变规划条件等；擅自减免、截留或变相返还土地出让金，违规使用、挪占土地出让金等行为。从历史经验上看，政府在城市建设中寻租性腐败的案例有相当一部分都与土地问题相关联，本次针对地方土地问题的审计会极大地配合支持中央的反腐行动。

此轮土地审计风暴的终极目标不是简单的反击腐败，而是规范土地出让制度，让土地增值真正惠及城市居民，有助于楼市维稳。回归市场理性的前提是消除权钱交易的土壤，让土地这本大账更加透明。土地是国家经济发展的第一战略资源，土地审计也必将成为反腐攻坚的第一高地。

城中村改造的创新探索

内蒙古呼和浩特市回民区从2011年开始启动厂汉板村等17个城中村整村改造以来，在一年多的时间里，完成4个村6723户的拆迁工作后却没有发生一起村民集体越级上访案件，实属罕见。对比当地2010年发生的37批次因拆迁不当导致的农民上访事件，内蒙古呼和浩特的城中村改造工作似乎有了新的成功经验。

城中村改造是我国推进城镇化进程中不可回避的问题，更涉及土地性质、拆迁开发、户籍管理等诸多"棘手"问题，这些问题之所以棘手，原因在于这些问题直接关乎百姓的切身利益，百姓的聚焦点往往不是城市的整体规划，而是自身的家庭生存与幸福发展。因此，城中村改造过程中的核心问题也是核心难点在于，对被拆迁对象的个体权益与城市整体规划利益之间的平衡协调。这需要充分利用法律与制度建立公信力，同时削减行政强制力的过多干预。在制度制定过程中的技术环节中，其核心问题在于城中村改造过程中土地确权和补偿估值的问题。

以往的城中村改造，通常是政府引进开发商进行征收改造。新楼房建好后，开发商往往把少部分位置不好的房子分给农民，而位置好的房子和商业铺面都按市场价出售赚取了高额利润，失地农民仅留下几套房子，其长远利益受到损害。这种情况往往让原本应该成为城镇化建设受益者的村民成为城中村改造中的利益对立面。现在这种以村民自主为主导，政府辅助服务的方式，最大限度地规避了因为估值补偿以及未来开发利润归属问题产生的矛盾。自主性意味着村民对自身利益的自主决定权和责任明确，是城中村改造过程中民主与效率相结合的最佳途径，毕竟自己不会反对自己。

新型城镇化必然涉及城中村改造的观念和方法的新型化，类似呼和浩特市回民区自主式改造的这种注重对个体权益进行保障的城中村改造方法是方向性转变，无疑是一种创新性探索，而且规避了过去完全由政府主导下的城中村改造中出现的矛盾冲突问题，同时大大节省了行政成本和降低了社会成本，符合建设和谐社会的长期目标。这必将在新型城镇化进程中成为主流，进而脱离传统城镇化的背景。新型城镇化不等于快速城镇化，不等于不惜一切代价的城镇化。城镇化的最终目的是提升人民幸福指数，新型城镇化的核心在于如何摈弃过去粗放式的城镇化，打造和谐城镇化，打造幸福城镇化。

自主性拆迁改造的唯一劣势在于村民自身的开发能力和专业性不足，这需要政府给予配套服务，要求政府回归公共服务角色，而不要涉嫌与民争利。技术问题最终都能解决，这种新型拆迁改造方式的推广最终取决于当地政府放弃地方政府短期既得利益的决心，进而真正追求城市长期和谐发展的根本利益。

"政府主导服务，村民参与改造"的城中村改造方式是推进新型城镇化的重要创新，相关政策和制度跟进的前提基础是政府角色归位，同时保障村民发挥自主权，建立和完善拆迁改造建设实施方的委托制度。在农民转市民的过程中，处理好农民的土地权益问题是核心要点。让农民无条件或过低补偿条件而放弃承包地和宅基地来换取市民身份的做法缺乏合法性和合理性。那么，该如何将城中村改造工作切实可行地进行下去？笔者认为应该坚持如下两点：

一是，要建立综合补偿制度，而不是单一以土地价值为补偿依据。城中村所在土地的周边城市土地价值往往已经远高于城中村现有土地价值，这种对比落差带来的心理失衡使得拆迁过程矛盾重重，简单地抬高土地价值补偿的方式最终是变相抬高地价。所以，政府要扮演提供综合公共服务的角色，综合考虑解决村民因拆迁带来的实际生活困难而非扮演强制拆迁的"说客"。

二是，建立与村民自主性改造相配套的技术问题解决方案。例如，建立开发商委托招投标制度，允许村民自主成立城中村改造筹备委员会，并将开发委托权下放到该委员会。依据城市控制性规划方案和进程时间表，政府履行监督和督促的职责。

2012年我国城镇化率已经突破50%，与中国经济发展面临的问题一样，需要不断提高城镇化的质量，摈弃传统粗放式拆迁改造带来的高社会成本缺陷，建立和完善城中村改造利益分配机制，这符合新型城镇化追求的长期根本利益。

新型城镇化让公共服务均等化不再是梦

37年前的改革开放从农民开始，37年后，农民工又站在了改革的风口浪尖上。农民工多年来所受的权利、社保、公共服务方面的不平等正在引起政府的关注，农民工市民化成为新型城镇化的主要标志，但受到户籍制度等多方面的制约，它仍然是城镇化过程中的一块"硬骨头"。

以人为中心推动城镇化，要深化公共服务体制改革，推进进城农民工和市民在劳动报酬、劳动保护、子女教育、医疗服务、社会保障等基本公共服务和公共产品方面的均等化，使基本公共服务逐步由户籍人口向常住人口全覆盖。笔者就此话题接受了和讯网的专访。

记者：政府公共体系建设一直是谈得比较多的一个问题，现在多了一个新的语境——新型城镇化。您怎么看待政府的职能转变和公共服务体系的建设。

刘艳：关于新型城镇化，截止到目前没有达成一个学术定义上的共识，但是有很多政策核心要点我们已经达成了共识。对政府、对公民个体、对企业的市场行为都会在新型城镇化过程中界定他们自己的位置，以及他们自己的功能和作用。

在"城镇化"三个字前面加上"新型"两个字必然有它的新寓意和新意义，这是历史性的。有新型城镇化就必然有一个旧型或者旧的城镇化。二者的区别在于,它所设定的语境完全不同,对政府的职能转变以及政府的公共服务体系建设必然有重新的界定和重新的改观的预期。新型城镇化将带给政府的公共服务体系一个全新变革的机遇,这是值得我们期待的。所谓的新型城镇化的一个"新"字体现在以下几个方面。

第一,过去我们说传统的城镇化,就是一座城市不断扩张,通过进城的农村人口数量这样一些非常传统意义的标志来反映城镇化的进度。人进到这座城市,我们把它归纳为一个城镇化。但实际上我们说新型城镇化的核心不仅是农村人走进城市生活这一个单一层面,他不仅在地理位置上要从农村或者小村镇来到城市,更重要的是他要能够和这座城市获得同等、均等的公共服务配套,或者是一种同等的市民待遇,等等。所以,公共服务的建设体系必然要以人为本,从人的角度做文章,这是第一个核心点,人的城镇化必然离不开公共服务体系的改革。

第二,从另一个角度来说,我们说这座城市除了有人之外,还要有很多的基础性建设,包括我们常说的房地产领域,包括城市的基础设施建设,这些都离不开政府作为一个主体来对它进行投资、招商,后期的建设、开发以及运营、维护。实际上现在的政府已经承担了很多的包括前期的招商开发的工作。在过去传统的城镇化的语境下,是以投资作为一种拉动,以土地的这种快速交易,我们俗称的卖地,依靠土地财政来拉动的城镇化。在新型城镇化的面前,土地要讲求集约化的使用,城镇的规划要以产业为主,也就是说在新型城镇化的语境下,政府不但要按照传统打造这座城市的硬件,还要规划打造城市的软件,也就是软实力才可以。

第三,除了上述的人和城市的建设之外,更重要的就是政府作为整个城镇化进程中的推动主体。如果政府自身不做自我的改造，也很难改造这座城市。城市的改造取决于我们的政府，至于其他的公民包括企业，只是在整个新型城镇化进程中作为合作关系，政府、企业、公民个体相互之间有一个合作的过程，这个合作的过程也体现出我们新型城镇化中的一个要点，那就是协调、和谐的发展。如果只有政府在那儿唱戏，其他的市场经营主体、其他的市场参与者不能够加入到新型城镇化这块大的蛋糕建设当中的话，我想新型城镇化最终还是会重新回到GDP大餐的政绩工程的老套路。所以，要求政府的角色从过去的公共管制、公共管理，向未来的公共服务体系建设转变，就是从传统的管理转化到新型的公共服务，首先是服务意识的转变。所以，在这样一种新型城镇化的新语境下，政府的转变势在必行，政府不变，城市很难改造。

记者： 刚才您说到城镇化中政府应该从自身开始做一些转变，您觉得它应该从哪些方面做转变呢？还有您刚才说GDP不是作为政绩的一个考核标准，您觉得应该用什么标准来考核？

刘艳： 曾经有一位外国学者在一次高校学术论坛上对所有与会人员讲，不要跟我提GDP，也不要跟我提GNP，你们提的GNP都是国民或者国内全民生产总值，我认为GNP就是全民污染总值和全民破坏总值。他用一种非常夸张的方式表达了一个寓意，即在GDP指挥棒下所有政府的执行者必然要把政绩和城市建设进度相联系。我们知道，一届政府一届官员不可能永远在这座城市做下去，行政首长们一定要以我能够将这座城市做到什么样的一个规模，同时我拉动了多少的土地财政，拉动了多少的招商和投资的指标，通过强大的GDP增长数据来体现他的治理业绩。但这导致了绝大部分的城市很难从产业发展的持续规划角度，从城市的人民最关心的衣食住行以及从平日里看不见的城市基础设施出发综合考虑，比如说我们的地下管道。因为地下管道看不见、摸不着，平时不出事我们几乎注意不到它，但它却是这座城市与人民生活息息相关的基础设施建设，可我们没有把它做到一个最优化，或者说我们有实力、有资金，但没有往那儿去投，所以才会导致北京"七二三"这么严重的事故。实际上，公共服务的价值更多是要体现在很多我们看不见、摸不着的地方，老百姓的衣食住行，包括老百姓基础教育，这是一座城市潜移默化的发展力量。

这就说到了另外一个核心问题，即我们的行政体系绩效考核是有问题的。对GDP的疯狂追逐，地方官员有地方官员的苦衷，中央政府又有中央政府的难言之隐，所以，这个核心问题是最需要突破和改变的。

教育、医疗、户籍三大改革让"均等化"不再是梦

记者：说到一个均等化的问题，您觉得政府应该如何通过职能转变实现公共服务的均等化？

刘艳：这里的均等化更确切地讲是对政府所提供的公共服务以及公共产品的一种均等化的使用或者说是占用。在过去，很多地方政府很避讳谈均等化，因为很多人认为它非常敏感，好像一谈到均等化就说明现在是不均衡的，或者是贫富差距大。但实际上我们在看待和反思这个问题的时候，首先要做的是必须直面这个问题，不能回避。之所以它今天如此敏感就是因为其中的确存在问题。如果大家都享受到了至少是基本平等或者是基本公正地享受到一个公共服务的话，也不会有人提出这样

的问题。

但是均等化又是所有政府在提供和管理公共产品当中的核心难点。对于公共服务而言，它的核心有的时候不在于服务，而在于"公共"两个字。"公共"两个字实际上有两层含义，第一层是公正，第二层是公平。延伸出来在这两个词汇的基础上，才是我们要以公共利益为标的的服务，我们称之为公共服务。

我们要做到公平的前提是要做到一种公正，这种公正来自于我们的制度设计，公共政策的颁布和执行。但是反过来我们看到，现实是什么呢？2012年咱们的城镇化率已经突破51%，接近52%。这个时候一种说法说还不够，还有一种说法是还不错了。说不够的人是和西方发达国家在比，他们基本上已经达到了70%。但还有人说这个数据超了，它是指超越了我们现有国情，因为这里面有一个数据可以作为对比，虽然我们的城镇化率体现为52%，就这个数字我们来看，按照全国城市平均水平，一座城市的外来人口，但同时还没有享受到城市同等待遇的这些人就占到了35%。也就是说在这样的基础上，我们的城镇化率至少应该再下调10%。这是非常保守的说法。因为如果按照新型城镇化中提倡的公共服务均等化要求，它就达不到50%。超过50%这个数据多少有一点是我们需要思考的，而中间差额的10%就是来自于受到了不均等的公共服务待遇。

现在一座城市可以有百分之百城市户口的人接受公办教育，但外来人口的子女能够接受当地公办教育的不会超过50%，还有一个更明显、差距更大的指标，就是我们说的社会保险。基本上，一个城市70%的城市户口的公民参保了，那么城市里边的农民工或者农村的人口参保比例也就达到16%的状态。这种差距怎么解决？我认为这才是今后政府在提供公共产品当中需要加强力度的核心问题。政府加大投入也需要有一个动力，这取决于政府扮演什么样的角色。

记者：那您觉得政府应该以怎样的角色出现？

刘艳：其实政府并不需要所谓的新角色，它的角色就是归位，回归它的服务属性。这座城市的主人是人民，这座城市对政府的核心需求就是提供公共服务、维护社会治安，给我们创造良好的生活生存发展的环境。它应该是受到限制的，有制约性地参加市场性的行为。突破新型城镇化与传统城镇化的一个瓶颈，就在于打破旧的体制，打破旧的利益格局。长期以来，政府对卖土地的热情很高，就像我们老百姓买房子的积极性一样，毕竟卖地能够不通过生产行为，不通过经营行为，不通过脑力劳动，它只需要通过土地一级市场的垄断就可以以非常低的运作成本来实现拉动地方财政快速增长的目标。如果这座城市还有土地可卖的话，政府为什么不选择卖土地呢？它一定会选择，因为这是它的动力源泉。当卖土地成为了传统城镇化的一种非常重要的，也是非常核心的手段的时候，我们就会发现另外一个问题，那就是政府成了这个过程当中纯粹的净得利益者。政府和人一样，当它尝到甜头的时候，你让它放弃现有的利益是难上加难的，我们古话讲过"由俭入奢易，由奢入俭难"。政府也是一样。所以，新型城镇化的核心要求是让政府在这样一个过程中完成一个非常痛苦的蜕变，就是成为一个净"受损"者。但是这个"受损"，我们可以加一个引号，受损的是它的短期利益以及不该得到的"利益"。与此同时，当城市成为最大受益者时，政府的公信力将得到跨越式提升。

基于现在地方政府的考核，包括它的发展动力都和我们今天的期望不匹配，它需要非常深刻的一种改造，无论是从人口流动制度、土地规划制度、城市的区域规划，甚至是行政区划设定。之前中央政府也做了大量的工作，比如说像省直接管县，它实际上是在做行政区划的一种安排，还包括投融资政策和招商政策的修补，在新型城镇化城市发展的大蛋糕背景下，政府能不能放下自己不应该拿的权力，这至关重要。因为我们知道政府本身不产生经济利益、不生产财富，它实际上是保护和维护、促进财富的角色，现在我们变成了裁判加运动员，这才是对新型城镇化最大的阻碍之一。作为推动的主体，政府既想短期内实现利益最大化，又想打造好这座城市的形象，同时还要维护社会的稳定，这本身就是矛盾的。

记者：您觉得政府应该用哪些方式提高决策能力？

刘艳：这涉及我们的公共政策的制定能力以及我们的领导或者说权力体制的制衡能力。刚才我说过，不存在严格意义上的能力问题，只存在一个能力发挥的动力机制问题。我们说从几个方面来谈。第一个就是从思维转变角度。思维转变刚才我们提到了，实际上就是角色的转变。像北京、上海这些大的城市，政府公共服务意识较强。但是在很多的三四线城市，区县地方政府还徘徊在我是这个地方的父母官，你们都是我的子民。他认为你们抗议或者你们提出问题，就是刁民行为。他忽视了自己拿的是纳税人的钱，吃的是纳税人的饭，屁股决定了脑袋，所以，他的思维很难做一个转变。

新型城镇化的发展趋势下，任何一个政府如果没有服务的意识，如果没有服务的心态，它还是穿上新鞋走老路，这绝对不符合中央对新型城镇化的意见和定义。因为中央对新型城镇化的建设也是在不断地梳理和整理过程中。但是，有一点是可以肯定的，那就是和谐发展不是务虚，而是务实。因为我们现在要求的这种政府、公民、市场企业三者合作的关系，必须要在最大限度上达到一个思维与行为上的一致，否则我们面临的就是不但走回了老路，而且还会带来更多新的问题，特别是农村和城市之间的差距，导致民营企业的生存空间不断被挤占，甚至包括政府内部招商人员都会感觉日子难过。这样就会走进一个更加困惑的陷阱，也就是说新型城镇化不但没有带给他们新的城镇化的契机，反而成为他们走老路的一种理由，这是绝对不能允许的。所以，首先要从思维上得到根本转变。

第二，政府在公共服务制定目标的时候，必须要有一个非常明确的效果目标，而不仅仅是效率目标。简单的效率目标至上造成的社会成本反而是最难以衡量的，比如说"一刀切"式的楼市限购政策，不但没有让楼市的发展步入正轨，反而增加了离婚率。这种非典型性离婚往往表现为两个人合起来的时候没事，一旦因为房子离婚以后，两个人反而会有很多的想法，实际上给社会造成了很多不稳定的因素。以至于我们很多的社会政策制定实施陷入一种恶性循环，后面出台的政策是为了弥补前面一个政策的错误，这样不断的循环，所有的政策都是打补丁，而不能够从根本上解决问题。

稳定的家庭是非常重要的一个纽带。如果一座城市的离婚率那么高，家庭都不和睦，所有的人都天天为房子争这个、争那个，这样必然会导致大家没有心思去工作、建设这座城市。现在年轻人出了校门，别说去创业了，就是找工作也变得不务实，更不要提创新。几乎所有的在北京的毕业生都想着我怎么赶紧找一份每个月至少在5000元以上的稳定的工作，因为我还要还房贷啊。所以，这一系列的连锁性效应可能都是受到了很多不恰当的公共政策的影响，是由不恰当的低质量的公共产品提供来造成的。再看我们的危机处理机制，北京已经经历了2003年的SARS，实际上"SARS危机"始终没有消失，这不是说SARS病毒始终没有消失，而是这种类型的危机给我们带来的警示始终没有消失。这方面做得比较好的我觉得是香港，台风风暴是这座城市的常客，而优良的公共服务造就了公民的高素质。一来风暴，所有的店铺，特别是大商场，除了地下的公共交通全面停业。我第一次去香港的时候，这种统一性让我很惊讶。没有一个店铺说我偷偷开张卖给你东西，这样的话，至少来再大的台风也不会导致因为你的店铺开门而造成人员的伤亡。它在很大程度上保证了这座城市在遇到自然危机时的一种安全。

城市的管理就和我们经常说的马斯洛需求理论一样，安全是对这座城市最基本的公共服务的衡量标准。当一个城市不安全的时候，它的GDP再高也没用。因为我们说新型城镇化的根本目的可不是把城市都变成国际化大都市，变成全世界都往里扎堆的金融交易城市，它是要变成一个最宜居、最适合人发展的城市。

如果思维导向问题不能解决，我们今天在这里谈再多也是想当然。所以，当有一天，我们在谈到公共服务均等化的问题，我们能够很自豪地说，这个问题谈得太好了，我们这座城市已经做到什么样的一个状态，它就不再是一个敏感话题，它会成为这座城市新的形象的树立。一个城市的形象树立不是高楼大厦，也不是某一个标志性的建筑，那是硬件，更不是某一个政府的大楼多么辉煌，它一定是这座城市人民的口碑，是它的软实力，让所有来到这座城市的人都有主人翁的感觉。所以，我认为真正意义上的新型城镇化，与传统相比较，是以政府公共服务的完善和改造为基础的一种软实力的打造。

记者：您刚才说到一个政策出台程序问题，事实上，对很多人来说，总感觉到有点措手不及，往往会造成不必要的损失。您觉得在这个过程中，有哪些可以改进的？

刘艳：刚才我也多少提到了一点程序的问题，以及出台的过程。比如说一项税的政策，实际上它不光是一个政策，它已经涉及法律层面了。我们所有的税应该经过人大走立法的程序，但我们现在的税费在我国是很难进行严格区分的，因为我们的费实际上大于税。收费是一种行政权力，但是费也是一个公共产品，比如燃油费，收费的目的是为了弥补燃油对社会和环境带来的污染成本。但是我们现在的问题是出台一个政策，为什么会产生很多不信任。我想一是很多政策出台过于突然，比如天津曾半夜出台汽车摇号政策。突然出台还不是问题，最让老百姓纠结的是没有一个公示或者透明公开的程序。二是在维护了一部分人利益的同时，却损害了另一部分人的利益。任何一个国家的城市在制定公共政策的时候，不可能做到全民参与。因为不光是从技术上很难做到，而且它的社会成本也远高于政策制定出来以后所带来的社会效应。这就要求我们的政府能够在归位的前提下，最大限度地维护这个社会最广大的利益。但是维护最广大的利益的同时，是在不损害其他人的合法利益的基础上。而我们现在政策之所以公信力不强，就在于经常是满足了一部分人的利益，同时却侵害到另一些人的合法权益，而这些为政策而牺牲的利益往往是可以通过更科学的决策来避免的。

举个很简单的例子，在刚出台住宅限购政策的时候，很多非京籍人士来到北京以后奋斗了十年甚至更长的时间，好不容易攒够钱了，对不起，不让你买房了。因为没有缴纳社保。住宅限购的政策只考虑到一个方面，即把房价打下去，不让你们交易了，但是它忽略了这个社会的另外一个主体，这座城市的外来人口。它同样也打击了另外一部分，就是已经有了一套房子的人，想做改善型需求的时候，对不起，贷款额度门槛提高了。就差30万，他就改善不了住房条件了。这些都是公共政策当中能够避免的，可以在出台限购的同时，再出台另外一个配套政策来弥补这一块的缺失，但是它没有，因为它只盯着单一调控目标。

除了房地产限购对城市的调控之外，教育、人口户籍的管理都存在这样的问题。特别是教育，为什么会有学区房，甚至同在一个小区院内，我们家这栋楼能上这个小学，你们家那栋楼就不能上这个小学？一墙之隔，价格却相差千里。很小、年代很久远的房子可以卖到每平方米10万以上或者接近10万。学区房嘛，买的不是房子，买的是学籍。为什么会出现这样的情况呢？还是教育资源的不对等、不均等。新型城镇化进程中的一个重要环节就是，探索制定一个非常详尽的公共服务指标体系、服务的质量考核体系，其中均等化将是很重要的一个考核维度。

实际上对新型城镇化特别是对政府在新型城镇化里要主导的事情，一个最大的阻碍不是技术问题，不是能力问题，而是我们有没有决心做壮士断腕这样一种打破旧有利益和格局的决策。不是不让政府卖土地，是这种卖的方法不对，这种卖的方法同时你要有其他的公共服务来弥补这座城市受到高房价的侵害。咱们最近几年经常说要盖保障性住房，它是为了要弥补高房价带来的住房的压力才出台了保障性住房的考核指标、保障性住房建设的目标规划。咱们且不论我们之前已经提供了多少

保障房，我们只需要归结一个问题，我们怎么来认识保障房这样一个公
共产品的。很多的政府在提供类似保障性住房的产品的时候，它是为了
提供而提供，为了达到指标而提供，但实际上又回到这个问题，保障性
住房的核心不是供给，核心是在于分配，否则的话又会形成像北京回龙
观经济适用房多少年前那样的状态，开着大奔、宝马的人去入住，那你
还不如不建。所以，摆正自己的位置，如果在能力范围内完成不了的问
题，比如说社会调查，你可以委托相关企业去做社会调查。咱们现在都
有非常完善的招投标制度，过去二十年我们说公共产品的建设一定要政
府来做，这个理念在国内外不管是学术界还是政府实际管理实践中都已
经打破了，都已经达成一种共识。公共产品的供给不一定百分之百由政
府来完成，政府只需要把公共产品的分配机制做好、制约机制做好，剩
下的该交给市场的就交给市场，不是所有的公共产品由政府提供才是最
高效的。

　　比如说保障性住房，它的分配一定要由政府来完成，它的产权一定
要由政府首先来进行回购，至少要保证代建的开发商能够做到成本的持
平。但这并不能够成为政府推卸建设性保障性住房的借口。很多城市在
土地出让的过程中，要求一定要配备多少比例的保障性住房。这个方法
虽然可行，但是并没有达到相对理想的状态。开发商是企业，处于利益
最大化的动机，它会想尽一切办法把这部分的价格或成本转嫁到商品住
房上。我们不能回避一个问题，就是政府与企业利益上的这种界定。在
房地产开发领域以及基础设施建设的这些领域，政府和它所要招投标的
这些企业合作性要远高于其他产品，越是像这种半公共产品的领域越是
如此。比如基础设施的提供，产品是公共产品没错，国企也好或者是民

企也好，都会参与到其中的招投标工作，这里面涉及另外一个问题，我们怎么做到政府规避它的理性人，就是它自身利益最大化带来的工作上的这样一种瑕疵或者后果，就是我们常说的腐败问题。廉政实际上是对所有政府的一个底线要求，虽然说腐败在每个国家都有，无论在什么样的时期都会有不同程度上的腐败，但是腐败是有一个接受程度的，如果当腐败成本已经远远超越了社会所能接纳的程度的时候，那么这个政府别说提供公共服务了，它的基本公共职能的运转都会成问题。

记者： 要做到利益分界，监督机制是不是扮演的角色就更重要了？

刘艳： 没错。我们经常说要进行监督机制的建设，但是我们最容易忽视的却是制度里面最重要的一点——权力制约。不仅仅是监督，谁来监督监督的主体呢？谁来监督政府呢？政府权力的制约，实际上对政府的健康是有好处的。要想这座城市健康，首先是这个政府健康。

在新型城镇化的政府公共服务体系建设中，政策的可持续性也是至关重要的，换届经济的魔咒我们必须打破。这一届政府觉得这样能够解决我的问题，明天那个政府说那样能解决我的问题，的确都解决了本届的问题，但以后呢？因为新型城镇化不是一个短期工作，它不是一个短时期的三年或五年计划，中国离真正城镇化的发达国家还有至少几十年的路要走。这个不像说我们改革开放这么多年来，经济的涨幅每年保持在8%还是多少以上，那是因为我们要经历从无到有的这样一个状态。过去我们没有商品房，现在有商品房了，肯定前后经济对比差距是很大的。但当我们已经也像很多国外主流城市经济发展的时候，甚至超越他们的时候，就像是当我们从30分的学生变成60分的时候是非常容易的，但如果从60分变到70分，从70分变成90分，从90分再变成100分的时候，我们会发现这个过程太艰难了。而新型城镇化就是我们从90分变成100分的过程，难上加难。所以，我们经常看到这个国家经济衰退了，那个国家GDP涨幅那么少，就业率下降了或者怎么样，实际上他们的绝对值或城市的基础性配套要比我们强很多。

这一届政府，不管是中央政府还是地方政府的压力都很大，它面临的不仅仅是维护发展趋势这样一个难题，更重要的是它怎么能够去优化这个发展，既要增长，又要合理。一边调整结构一边增长，要比过去单纯追求增长难很多。就像英国伦敦一样，伦敦也曾经经历过这样一个非常痛苦的阶段，它的工业化污染非常严重，它也是先污染后治理。我们现在是一边污染一边治理，无论是从社会成本还是说它的经济成本来讲都将是巨大的。怎么来权衡这个成本，怎么来解决在这个过程当中公民与政府的关系；企业与政府的关系；个人与市场的关系；企业与市场的关系等这么多的需要协调的关系，实际上这是我们新型城镇化里必须面对和解决的问题。

总结一下，在新型城镇化的语境下，对政府以及所有提供公共产品的供给方都提供了一个非常好的机遇，但同时是非常高的挑战和要求，特别是对政府的职能转变，角色转变以及它对政府提供公共服务的质量和效率的能力，以及思维上都做了非常高的要求。我们的地方政府拥有全世界最强大的行政权力，但怎么样让政府用好有限制的权力，这是一个命题。

新型城镇化的"新"归根结底是由政府作为主体来完成的。由旧改新的过程，改造一个城市的发展模式，改善一个城市的发展路径是需要政府与社会、企业，以及公民个体相互协作、合作来完成的一个共同的命题。所以，政府的公共服务建设的改善和改进，离不开公民的配合，离不开企业的配合，但更重要的是政府要有这个决心，要有这样一个信心，去面对我们已经存在的问题，真正意义上的让新型城镇化名副其实，老百姓的生活再上一个台阶才能不再是空中楼阁。

城市规模新标准：城市人口超载源于城市功能超载

生活中，电梯如果超载了会停止行驶，车辆超载了会遭到交通处罚。但有一样东西，比电梯和车辆容易超载，却往往被人们熟视无睹，这就是人们生活的城市。

国务院近期发布了《关于调整城市规模划分标准的通知》，正式调整了我国城市规模划分标准，把城市划分为五类。城区常住人口50万以下的城市为小城市；50万以上100万以下的城市为中等城市；100万以上500万以下的城市为大城市；城区常住人口500万以上1000万以下才可以叫特大城市；1000万以上的城市有了新名字——超大城市。新标准将使人可以更明确地考虑城市资源承载能力，避免超大城市人口无限扩张。

笔者就此话题接受了中央人民广播电台经济之声《央广财经评论》节目的专访。

记者：根据最新标准，全国大部分城市将会被降级，很多城区人口不到500万的，将不被定义为特大城市。按照新标准，特大城市只有16个。按照旧的标准，100万人口以上的城市有140个，都是特大城市。这对防止特大城市无限发展，加强大城市的现代治理有什么意义？

刘艳：对城市的规模，特别是以人口数量作为依据进行划分，从根本上来讲，不是说对这个城市的重视或者资源倾斜做哪些工作，关键是以后我们对城市的管理，带来了一个可依据的科学标准，是我们为未来，特别是特大城市的管理建立了一个标准化的基础，这是最大的意义。那么本次城市规模的重新划分实际上体现了最大的务实，这个务实性体现在几点，首先我们不再把那些超过千万的城市当做一个包袱，而是把它当做一个很重要的未来经济化城市管理服务的载体。因为我们知道城市的人口之所以膨胀，归根结底是因为城市功能的分配过于膨胀，城市资源过于聚集。这样的话，它吸收了一部分的中小城市发展的营养、资源，所以不利于我们未来新型城镇化的发展。这一次的城市规模的重新划分，不仅从户籍，而且从公共服务均等化几个角度，都会有对这种城市化发展起重大的推动作用。

记者：您提到务实这一点，除了对于特大城市这样一个规划之外，还有哪些特别之处呢？

刘艳：首先我们知道这次新型城镇化划分，曾经在几年之内做过很多工作的部署，那么现在终于明确了，实际上我们会发现新型城镇化是一个自下而上自然发展的过程，那么刚好和这一次城市规模的标准化的平均划分是匹配的。要优先发展那些人口早已突破百万的中小城市，包括镇改市的一些试点，有些县城就突破了30万这样的规模，让那些县城有城市之实。因为我们知道作为一个城市和乡镇的管理办法是有一定区别的，它的资源分配是有很大的差别，所以小城市要求个性化，大城市要求经济化的管理未来更加明确。

记者：这次划分以后，超大城市的数量其实是极少的，主要是北上广深的这些大家公认的一线城市了，这次1000万以上的城市单列为超大城市。超大城市是不是将采取与特大城市不同的管理办法？

刘艳：超大城市主要在两个创新上。第一是在经济上。城市越大，它更需要标准化、指数化的管理体系进行管理，比如说环保指数、交通指数、人口流动指数等一系列。第二个它之所以大，是我们要有这种中高低层的，一、二、三、四这样分级化的管理的标准。它需要有不同层级行政资源的借助，这是对于大城市的管理。那么对于小城市的管理，实际上我们说麻雀虽小五脏俱全，但是对于小麻雀来讲，对于小城市来讲，它讲究是一种个性化的发展，也就是说它会有个性化的产业功能定位。一个城市的发展，要想可持续性，不仅仅要靠简单人口户籍化的管控，关键是对产业、就业进行疏导。所以小城市要完成它自己的工作，大城市有它的烦恼，也有它的发展机遇，各自都有各自的优势，而不再像过去我们只要求发展大城市，对于中小城市的发展有一定的忽略。

记者：根据新的城市划分标准，下一步是否会实行人口调控政策，特大城市则会加强人口的控制，引导更多的人口向中小城市流动，让人口的流动更均衡。

刘艳：过去我们也曾经试图通过各种方式来控制人口，甚至通过限购房屋这种方式，但是你会发现并不奏效。关键是我们对产业、就业的引导，以及对创新人才的引进不能够完整地进行实施，所以说疏导人口要比简单通过户籍控制人口更加重要，对大城市疏导在前，控制在后。

记者：一个城市的规模是要靠资源来支撑的，所以必须要考虑资源承载率。城市的水资源、环境等各种资源最多能满足多少人口，是有一个比例，从国际经验来看，一般多大规模的人口是适度的呢？

刘艳：实际上是相对而言，跟每个地区的地理资源、自然环境和行政配备都有关系的。那么相对而言，在国际上，超过千万人口的城市不在少数，比如像东京、伦敦这样的城市。

记者：关于大城市的管理，其实有一些其他国际方面的经验，比如说像东京这样的城市，它的人口也是很多的，但是你去旅游的话，你会发现它的每个区的功能是不一样的。比如说你购物的话，可能这个区的商场很多，适合购物；你从事一些商业的谈判，可能是在另外一个区，那么以后是不是我国的大城市也会有功能细分这样一个趋势呢？

刘艳：大城市未来的发展是多中心化，就是多功能化，金融、人口、人才、高科技，包括它的行政指导管理，都将分布在城市最合理的地区，而不仅仅是形成比如说城市以北部作为它的一个核心区域，南部就变成睡城，这样的格局设置会带来很大的交通压力、人口分散压力，包括医疗、就业和上学教育这方面的压力。现在我国大城市的功能细分还没做到位，但相关部门已经开始着手研究细化方案，同时，要避免城市人口无限扩张，提升城镇功能和人口素质，才是可持续发展的永恒课题。

金融体制改革滞后将葬送改革开放的成果

中国改革开放的第一阶段（1978年至2000年）实现了经济总量的快速增长，改革第二阶段（2001年至今）的主题变成社会资源分配体制的重构。社会关系重组的同时更要保卫30年改革开放的成果。其中最重要的成果就是我国人均收入增长近40倍。但与此同时，贫富差距的拉大不仅涉及社会各阶层，更体现在国企与民企之间。

经济改革的核心驱动力是金融体制改革，资金的自由流动是市场活力的重要指标；而金融体制改革的核心在于打破垄断，对于个人，增加人民资产性收入是中央早已定下的目标方向之一；对于企业，创造更加公平高效的投融资环境是企业（特别是中小民企）生存发展的根基。

开放是改革的条件，公平是市场的特性，竞争是市场的天性，背离这些规律任何经济行为都将面临严重后果。30年改革至今，多层次的资本市场结构远未形成，我们的社会间接融资（即银行借贷）依然保持在85%以上，股市能在一年不到的时间里陡跌57%，高达千万亿元的民间"非法"借贷层出不穷。造成的后果是今天人民存钱到银行等于贬值；投资股市的结果是开着"奥迪"进去却开着"奥拓"出来；只剩下投资楼市结果还被限购，那么最终这些资产只能选择转移国外或购买奢侈品等非生产行为。这是一种国内资产流失和生产资源浪费，而实际上，这是在葬送中国人30年改革开放积累起来的财富。越来越多的原本致力于创新发展的中小型创业企业因资金困扰以及知识产权环境的破坏而面临出生即死的境地。我们的民企在创造着80%就业机会的同时，"享受"的却是20%的融资资源待遇。与经济增长相比，活力四射的中小民企才是我们30年改革开放积累出的最宝贵财富，所以保护它们就是保护经济发展的动力。

改革走到今天，我们以国有银行为轴心的金融体制已很难适应国内外的社会发展趋势。其实，金融体制改革需要的不是金融工具创新，而是要打破体制垄断。政府的任务就是做好裁判员。与其说持续几年的金融危机是市场的失灵，还不如说是政府监管的失灵。总之，国进民退，不是我们的改革初衷；垄断低效，不是我们想看到的局面；人民财富流失，更不是我们改革的目标。国富是果，民富才是因！金融体制改革滞后葬送的不仅仅是民企的生存空间，更是在葬送中国30年改革开放的辉煌成果！

高铁与人民币是中俄优先合作盛宴的两道大菜

中国与俄罗斯两国之间向来本着互敬互融的大国相处之道，2014年在北京召开的APEC会议再次相互明确对方为优先合作伙伴，从经济贸易到地缘政治发展等多方位的合作关系日益明朗。

本次APEC会议围绕着"区域经济一体化、促进创新发展与改革、亚太各经济体全方位互联互通"三大主题展开。会议期间，普京发表演讲称中国是优先合作伙伴，表示"同亚太地区经济体的相互协作对俄罗斯来说是战略性的优先方向，并准备在未来将与亚太其他经济体之间的贸易额从占俄罗斯对外贸易总额的12.5%提高至俄罗斯对外贸易总额40%。俄罗斯正采取具体措施改善出口环境，并提高非初级产品、高科技产品的出口份额"。针对中国的重点合作领域特别提到了推动能源深度合作和两国双币互换结算协议。

很明显，在此次普京的北京演讲之前，中国已经在为与俄罗斯的深度战略合作进行布局，俄罗斯也已经在事实上成为了中国优先合作伙伴。本次北京APEC会议共计21个国家地区首脑出席，为什么明确优先合作伙伴关系的是俄罗斯？这里面究竟有哪些天时地利人和的因素？

来到北京的都是客人，既然是客，原本不该区分亲疏远近，不过各国的经贸发展路径各具特色，希望获取的利益以及可承受的发展代价也口味各异。中国作为东道主毕竟是亚太地区的大国强国，针对未来经贸发展的重点合作对象还是要具备一定的优先选择性。恰逢此次APEC会议，原本已接近水火关系的美俄两国在"上善若水"的北京APEC会议精神的感召下同时出现在北京水立方晚宴。毫无疑问，面对今日的中国，全球恐怕没有几个国家能不重视同中国的经贸发展关系，所以不管平日有什么矛盾，冲着中国的市场和经贸潜力，总是要来寻觅些新的机会的。俄罗斯作为中国的老朋友，对与中国的关系表达更加直白，直接在公开演讲中明确中国的优先合作伙伴地位。

的确，中国的传统制造业在创新发展战略的指导下正在发生脱胎换骨的变化，过去出口袜子和打火机，今天高铁正在成为拉动经贸的领头羊。与此同时，人民币国际化的步伐正在加快，越来越多的国家愿意执行人民币结算，这无疑打通了中国对外贸易血脉。正是看中这一点，俄罗斯坚定明确与中国的优先合作关系，未来中国与俄罗斯将共同打造经贸战略合作的盛宴，高铁和人民币正是这场中俄合作盛宴的两道头牌菜。

2013年中国对外直接投资流量去年突破1000亿美元大关，已连续两年名列世界第三位。俄罗斯2013年主要贸易伙伴前五名依次为：中国（888亿美元）；荷兰（760亿美元）；德国（749亿美元）；意大利（539亿美元）；乌克兰（396亿美元）。这么诱人的贸易成绩自然希望延续下去，今年中俄最具有战略性的经贸项目无疑是高铁，根据中俄共同签署的高铁合作备忘录，中俄将优先实施莫斯科—喀山高铁项目，过去从莫斯科到喀山770公里路程至少要坐11个小时的火车，高铁建成后将缩短至3小时左右。"高铁优先走出去"的战略不是简单的卖火车的概念，而是涵盖技术标准输出、投资融资、基建施工等多元交叉的全方位项目贸易。

人民币走出去战略更是优先体现在中俄合作框架中，2014年10月13日中国央行与俄罗斯联邦中央银行签署了规模为1500亿元人民币对8150亿元卢布的双边本币互换协议，有效期3年。未来三年，中国持有俄方8150亿元卢布，俄罗斯持有中方1500亿元人民币，用于两国经贸结算，无需通过美元结算。这个协议对与中俄双方都可谓意义重大，对于俄罗斯可谓及时雨，毕竟在乌克兰危机引发的一系列动荡局势之时，美国对俄罗斯的主要制裁工具就是能源贸易关税与美元，俄罗斯亟须新的突破重围的机会，密切的金融合作将让中俄优先合作关系变得更加牢固持续。

未来几年中国还将继续增强对外直接投资，减少简单持有外债的间接投资行为，中国将掌握更多的经贸主动权。高铁与人民币，一手抓住经贸产品的核心技术标准，一手紧握金融造血工具。未来中国还将吸引更多国家将自己列为优先合作伙伴，与俄罗斯的优先合作仅仅是个开始。

年底突击花钱是政府的一个烫手山芋

年关将近，又到了几家欢喜几家愁的日子，有钱的欢喜过新年，缺钱的感叹年关难过。但是，被认为是旱涝保收的政府财政收入今年却也感叹年关"难过"，发愁钱花不出去，2014年1-10月份，全国财政支出约11.4万亿元，仅完成预算74.2%，剩下的30%支出额度何处去成了一个老大难的问题。

其实，年底突击花钱可以说是政府每年年底的"规定动作"，2008年年底突击花掉1.5万亿元；2009年年底突击花掉2万亿元；2010年年底突破3万亿元；2011年年底居然已膨胀到3.5万亿元；2012年年底突击花钱回落至2万亿元；2013年年底突击花钱2.5万亿元，每年的最后两个月份成为名副其实的突击花钱月。2014年的问题似乎格外突出。2014年全国财政支出153037亿元的预算，11月和12月全国财政支出将接近4万亿元，虽然今年剩的钱似乎格外多，但是今年的钱比往年都更加难花，年底花钱成了政府手里的一个烫手山芋，究竟为什么会这么烫？归根结底是因为政府花钱受到的制度约束力越来越强。

坚决的"三公"治理让政府突击花钱的胆子变小了

虽然，老百姓一向对自己所交税费被突击"消费"很不满，但是今年政府花起钱来也不是那么顺利，特别是在今年各项改革措施的深入以及反腐倡廉的制度建设逐渐完善的情况下。2014年政府预算中结余下来用于"三公"开支的费用大幅降低，政府消费占总预算收支的比例由原先的30%降到接近20%。开源节流是老百姓居家过日子的生活理念，也应当是政府处理预算支出的基本道德底线。中国财政收入的体量庞大是全世界闻名的。据2013年全国公共财政收入决算报告显示，中国公共财政收入规模达到12.9万亿元。除此之外政府还掌握着土地资源的出让交易权，2013年高达3.9万亿元的土地出让金足以让地方政府们财大气粗。政府还设有大量政府性基金、国有资产等，收入渠道多，资金规模巨大。在往年，政府财大气粗的后果往往是管不住这只"有形的手"，甚至肥水不流外人田。挣钱难，花钱还难吗？在零基预算的反向激励机制下，产生了不花白不花的心态，今年谁花的钱多，到了第二年所获得的预算就多。

现在政府"三公"治理可谓是战果辉煌，虽然中国政府的"三公"支出占政府收支比例还远不及发达国家低于5%的水平，但是政府花钱的态度总算是被纠正了过来，对于花老百姓交上来的钱终于有了一颗敬畏之心，花钱的胆子变小了，知道心疼老百姓的血汗钱，这首先就给政府的财政收支公信力加了分，为来年的预算财政收入提供了征缴的合法保障，老百姓的认可和主动支持能降低税费征缴成本，进而形成财税征缴与预算支出的良性循环。

预算制度改革要求政府花钱讲究均衡性

2014年8月底通过的新《预算法》在2015年1月实施，预算新法就涉及约束政府年底突击花钱的立法制度重新进行设计。其中设置预算稳定调节基金就是起到平衡年度预算资金分配支出的作用，通俗讲就是如果年度内的财政收入下降出现歉收，可以通过预算稳定调节基金来进行拆解，弥补年度预算资金的不足，这部分借来的钱最后要由未来出现超收后的财政收入来偿还补充。这样就在很大程度上缓解了政府突击花钱的症状。

均衡性预算支持似乎让政府的花钱节奏得到控制，但是很多政府依然会陷入害怕有钱花不完的怪圈，因为中国一直实行零基预算的政府支出管理制度，即今年的钱如果花不完，明年得到的钱可能就少了。在这种反向激励机制下，中国的财政浪费几乎成为一种潜规则。因此，很多政府部门平衡开支的动力不足，但是今年的财政体系进入深入改革阶段，政府部门未来花钱支出只会感到越来越烫手。

在过去的几年里，一到年底，中央也会发布各项同时喊话"年终突击花钱"问题，坚决制止的态度似乎难抵突击花钱的利益诱导。行政伦理层面的预算支出治理很难对症下药，完善预算编制制度，细化预算项目以及加强财政收支的透明度等制度层面的治理才能达到改革目的。总之，要根治政府年底突击花钱的病症，最终还是要向制度改革寻求良方，财政道德的底线必须得到法律制度的保障。

稳增长压力将让投资型拉动魅力不减

2014年是中国经济发展结构转型的关键年，保增长让位于调结构，增速始终徘徊在7.4%左右，步入2014年年初规划的经济新常态轨道。投资型拉动在调结构发展思路下似乎已经成为中国经济发展失衡的问题根源的代名词，依靠投资拉动经济成为各界喊打的经济发展陋习。然而，就在2014年最后两个月国家发改委接连审批通过近万亿元基建投资项目，与此同时央行降息果断准时，中央近期派出8个督查组督查稳增长等政策落实情况，显然这是在较大的经济下行压力下，掀起的稳增长高潮。此轮稳增长助投资的经济刺激行为是穿新鞋走老路吗？笔者认为是穿旧鞋走新路，旧鞋穿着很合脚，但走的路不同，这样能更快地到达目的地。

中国经济正在承受调结构与稳增长的双重压力格局

在过去，消费、出口与投资被视为拉动中国经济的三驾马车，但事实上，我们只驾驶了投资和出口两驾马车，内需乏力让经济基本面经不起外部经济波动，投资拉动成为最简单而且还生产GDP的灵丹妙药。然而，正所谓是药三分毒。近年来各地方经济在宏观投融资增速下滑的重重问题包围下正在饱受地方债危机、楼市低迷、鬼城频现的过度投资恶果。投资型拉动是诱导经济无序失衡发展的罪魁祸首吗？其实，无论何时投资都是实现经济增长的基础，国民财富积累依赖经济增量的持续上升，但是投资不解决社会资金和资本收益的分配问题，地方政府无法克服投资致富的短平快的政绩增长诱惑。科学规划下的投资拉动依旧是2015年中国在调结构主基调不变的背景下唯一可选择的经济稳增长工具。

国家统计局2014年12月1日公布的数据显示，11月中国制造业采购经理指数(PMI)为50.3%，比上月回落0.5个百分点，创出8个月新低。出口订单增速滑落至近5个月低点。根据中国银行最新研究报告显示，2015年经济增速或下行至7.2%，货币政策坚持稳健基调和总量稳定目标，同时将突出灵活性和针对性，预计再次降息可能性较大，法定存款准备金率下调1至2次。《国务院关于创新重点领域投融资机制鼓励社会投资的指导意见》（新"融十条"的）11月发布，与以往不同，为了保证政策的落地，中央办公厅、国务院办公厅近日联合派出8个督查组赴16个省（区、市）开展督查，重点对全面深化改革重大部署、稳增长政策等落实情况进行督查。

投资规则设计决定未来投资经济增长的动力

面对高强度的经济增长下行压力，我们需要用时间换空间，提高投融资效率，公共投资的效率提升最终要依赖政策制度设计的供给和完善，好的规则才能吸引优秀的民间投资方加入到稳增长的队伍。鼓励社会资本以特许经营、参股控股等多种形式参与，建立健全政府和社会资本合作机制，树立契约合作精神，理性选择PPP、BT、BOT和股权投资等合作模式，提高资金使用效率。

投资型拉动本身不是魔鬼，驾驭好了能让中国经济如虎添翼。本届政府逐渐掌握经济驾驭的平衡术，改革和增进经济发展动力决心充足，"投资"将更加服从中国经济发展战略。

激活社会资本首先要治好"不放心"的症结

2014年11月26日，国家发改委发布《国务院关于创新重点领域投融资机制鼓励社会投资的指导意见》（以下简称《指导意见》），鼓励包括民间资本在内的社会资本投资公共服务、资源环境、生态建设、基础设施等多个民生产业领域。其中还特别提出了四个重点投资工程，包括粮食水利、交通工程、生态环保、健康养老服务。乍一看，这些民生工程投资领域其实并非民间资本投资的处女地，民间资本投资经济基础建设早已算不上新闻，但是在经济面临通缩压力的今天，发布激励性的《指导意见》将是继国务院新"融十条"和央行降息之后的又一重大经济复苏刺激信号。

所谓社会资本在中国经济发展的结构语境下，通常是相对于国有资产资本而言的民营企业流动资产和家庭金融资产，即民间资本。《指导意见》中所鼓励的投资主体主要是民间资本。基于民间资本的单纯逐利属性，国家基础民生产业在传统观念下应该由国有企业资本投资建设，与此同时，诸如能源、交通等带有公共战略性的领域也形成了垄断利益格局，很多战略性的民生建设成为了垄断利润的象征，"两桶油"就是经常被提及的典型代表。但是，随着近十年来市场经济创造的大量社会财富积累起来的民间资本规模不可小觑，同时，国有企业的经营能力也备受质疑，让民间资本自由选择投资领域的呼声越来越高。然而，放开民间资本投资领域的政策红利面临着雷声大雨点小的尴尬境地。

"不放心"一直是民间资本望洋兴叹的核心症结，面对各种鼓励政策和新投资机遇，民营企业何尝不想介入，介入的方式通常是直接投入与参股并购传统国有企业。民营企业深知国有企业背后站着的是政府，很多行业的准入审批背后都站着一个婆婆，处处要看婆婆的脸色行事，这种不踏实的感觉实在是太难受。这种"不放心"归根结底是源于国有企业"政企不分"的顽疾，这使得民营企业很难与国有企业平等对话，按照市场契约规则行事。然而，国有企业及其所主导的产业领域就放心民营资本吗？显然是不放心的，担心民营企业的经营道德水平，更担心自己原来固有的垄断利润蛋糕被分走。

谁能治愈"不放心"的投资心病呢？一系列的《指导意见》恐怕不能只停留在"指导"的层面，更需要执行层面的支持。同时继续建立法律规则体系和市场契约环境的维护措施，特别是要包括：清晰透明的政策法律法规；有效且独立的监管机构；公开透明的竞标程序及项目要求；公正可行的风险分担机制；维护符合市场运行规则的价格体系。目前，国家虽然初步放开了民间投资能源、交通、公共服务等民生产业市场，并积极建设特许经营制度，但还缺乏实施细则和对国有资产自身的经营改革。

在刺激经济复苏的使命下，鼓励民间资本投入更多民生基础建设领域，不能抱着甩包袱的心态，民营企业的国民经济贡献地位已经无可撼动，80%的就业人口在民营企业，这无疑对缓解经济衰退压力具有重大保障意义。如果说15年前的民营化浪潮显得过于浑浊，那么今天新一轮的民营化浪潮应该更加清澈，给民营企业一个更可靠的稳定环境，有的时候比给予过于激烈的刺激优惠政策更可贵。

负面清单管理是《粤港自贸协议》的灵魂

随着2014年12月18日一份自贸协议的郑重签署，粤港地区贸易互联互通的大幕正式全面拉开。这份名为《内地与香港CEPA关于内地在广东与香港基本实现服务贸易自由化的协议》的自贸协议（以下简称《粤港自贸协议》），将于2015年3月1日起正式实施，相比较以往内地与港澳地区的其他贸易文件，本次协议内容更加丰富更加接地气。其中最大的亮点莫过于是内地首次以准入前国民待遇加负面清单的方式签署。

《粤港自贸协议》让十年前签署的CEPA更加实实在在

本次《粤港自贸协议》的签署并非横空出世，而是有备而来。一是早在十年前，2003年的6月，内地就与香港特区签署《关于建立更紧密经贸关系的安排》，英文简称CEPA，属于独立关税区间的自由贸易协议，并且采取正面清单管理模式；二是随着上海自贸区发展的突飞猛进以及负面清单管理模式带来的改革红利增长，自贸区模式已经具备推广条件。但是，毫无疑问，这次《粤港自贸协议》相比较10年前的CEPA有了重大制度突破。尽管CEPA历经十年通过补充协议的形式不断完善内地与香港的贸易市场互通规则，但是CEPA的很多核心政策在现实中往往难以落地，协议约束效力也极为有限。其中遇到的最大阻力就是无处不在的繁杂的审批手续和由此带来的居高不下的监管成本。

这次《粤港自贸协议》的重大突破正是要打破以往CEPA的核心阻力，让内地与香港市场互联互通的政策更加切实可行。

其中，有两大改进措施为互联互通的落地保驾护航：一是首次以"准入前国民待遇和负面清单"的形式签署；二是采取试点的方式，在广东先行先试，为将来全面推进内地与香港基本实现服务贸易自由化打基础。

负面清单管理模式将打通粤港自由贸易大动脉

从行政权力许可你干什么到事前告知不能干什么，这是最有效率的简政放权。上海自贸区采取负面清单来简政放权的成功经验增强了内地与港澳地区签署更加开放的自由贸易协议的自信心。这次《粤港自贸协议》最大的亮点莫过于"商业存在方式下以负面清单形式保留的限制性措施"，即全面实行负面清单管理模式。按世界贸易组织服务贸易分类标准160个部门的分类，逐个领域做出具体承诺，除列明具体限制性措施外，对香港服务提供者实行与内地企业同等的待遇；同时，为支持香港市民北上创业，对个体工商户做了更大的开放。

总之，带有防御性正面清单管理模式早已不能满足内地与港澳地区的贸易需求，一道道繁杂的行政审批门槛就如同挡在内地与港澳地区贸易道路上的一块块巨石。负面清单管理模式的正式确立将彻底打通内地与港澳地区的贸易大动脉，没有防御性过强的正面清单管理制度的退市，就不会有内地与港澳地区一路畅通的贸易自由互联互通。

如果说十年前的CEPA仅仅是打开了内地与香港贸易互联互通的一个门缝，那么2014年的《粤港自贸协议》以及《粤澳自贸协议》则是推开了内地与港澳地区的全面自由贸易的大门，我们距离将香港与澳门纳入一体化市场且完全内资待遇的CEPA最终目标又近了一步。

国考降温，创业升温？

从近几年的国考报名情况来看，国考的总体竞争比从2014年的117∶1，回落到64∶1。从单个职位的竞争来看，过去几年都出现过6700∶1的热门职位。2013年国家统计局重庆调查总队南川调查队业务科室科员的竞争进入"万里挑一"状态。而这次，排名第一的国家机关事务管理局中央国家机关政府采购中心的"采购三处副主任科员及以下"职位，竞争比也只有2624∶1。与以往千军万马过独木桥的情势相比，2015年的考试被业内人士称为"最好报考年"。对国考降温的现象，笔者就此话题接受了中央人民广播电台经济之声《央广财经评论》节目的专访。

记者：虽然公众对公务员的工作环境开始有了更多的客观认识，但是我们从今年的报名情况中还是能看到一些不寻常的地方。比如，今年竞争最激烈的职位是国家机关事务管理局中央国家机关政府采购中心采购三处副主任科员及以下职位，招录比达到2624∶1。政府采购中心负责政府采购操作，有人就会由此产生联想，有交易就有"潜规则"，就会有"油水"、福利好。这还是或多或少反映出报考学子们的一些小心思。公务员是为人民服务的公仆。但是报考的考生中到底有多少是带着为人民服务、实现人生价值而去的？这个问题值得深思。

刘艳： 先说这个职位为什么火，我觉得过度的联想多少有点敏感。其实我们如果客观地来看一下政府采购这个职位，可能并不是因为所谓的油水高，实际上是因为它的报考的门槛比较低，仅仅要求本科以上的学历，政治面貌不限，工作年限不限，所以从报名的技术层面就会有很多人选择试一试这样的态度，然后来报名。但是无论如何我们要客观地来面对公众对这个类似职位的这种敏感度，要不断地提升公务员的形象，但是从外部来讲，国考热的降温实际上是因为创业热升温，我们要积极地看待这一切。

记者： 来自人人网的一份大学生就业方向调查显示，90后大学生报考公务员的热情比去年有所减弱，因为"考试成本不算高"，四成大学生认为"不考白不考"。在就业压力较大的当下，大学生把国考看作一种重要就业渠道。不过，也有不少90后大学生更倾向到氛围活泼一些的公司工作。从就业、择业的观念来讲，比参加公务员考试捧得"金饭碗"更重要的是什么？刚才您说到了创业的热潮，你觉得现在的大学生是怎样的一种理念呢？

刘艳： 我们先反观一下这次国考方面人数的下降，实际上是有四种人群成为下降的主体。其中抱着试一试的人可能被排除出去，还有一部分有创业梦想的人，因为社会的风气正在向尊重市场、尊重创造价值、尊重知识的趋势去走。现在大部分的90后他们看到很多激励创业的故事，包括学校的这种教育，他们会发现有的时候市场会有更广阔的空间，而且他也需要到基层工作去锻炼这样一个机会。不管是大公司还是小公司，只要勤奋、负责、善于学习，其实都能找到自己的位置。而公务员相对而言是铁饭碗，如果想把铁饭碗变成金饭碗在当前这样一个形势下很显然已经不太可能性了，所以想成为一份稳定的工作，并且有一定的从政的理想，报考公务员还是一种很好的职业选择。但是因人而异，特别是90后受到的教育比较多元化，所以对创业的感觉、梦想更加强烈。这一部分人可能对国考的报名人数冲击是比较大的。但是，更重要的是，说明我们的社会在回归一个基本发展的理性，就是追求铁饭碗的人少了，追求真正能够自己创造金饭碗的人多了，这是正能量的一种体现。

一箭三雕的降息将使经济受益

就在2014年11月20日，银行间市场出现"钱荒"预警的第二天，央行果断宣布自11月22日起下调金融机构人民币贷款和存款基准利率。金融机构一年期贷款基准利率下调0.4%，降至5.6%；一年期存款基准利率下调0.25个百分点至2.75%，同时将金融机构存款利率浮动区间的上限由存款基准利率的1.1倍调整为1.2倍。

央行一改以往先调准后降息的做法，直接降息0.4个百分点，可见央行此轮货币工具使用之果断。此轮央行果断出手的背后不是盲目应对，而是有备而来，短期内楼市、股市、实体经济都将受到直接影响。长期来看，央行此举将开启新一轮降息周期及适度货币宽松周期。央行降息可谓是一箭三雕，救助股市与楼市、盘活中小企业社会融资资金、企稳中国货币宽松政策避免货币政策急转弯。

对于公众普遍关心的楼市，降息与前段时间央行喊话房贷优惠救市行为更加精准，配合着房产税明确为地方税种的趋势，降低房贷利率和限购松绑将强度刺激一蹶不振的中国楼市，似乎所有的房地产行政干预救市都是配角，就等央行直接降息来解决资金刺激问题。

国家统计局公布的最新数据显示，截至2014年10月，商品房待售面积58239万平方米，比9月末增加1091万平方米，其中住宅待售面积增加611万平方米。与高房价一样，高库存、结构性过剩、购买力不足已成为中国楼市的顽症。降息刺激无疑将对楼市的振兴产生直接激励，至于楼市的长期结构调整发展，就不是央行所能完全左右的了。中国式房地产发展的格局能否发生变化还要看另外两方，即实体经济发展前景和股市走势。

央行宣布降息后的第一个股市交易日，沪深股市双双高开，其中地产股领跑。央行降息盘活社会资金流动对实体经济的支持信号也增强了资本市场对中小企业的信心。央行降息是继"沪港通"开启之后的又一个利好刺激。但是，也要看到降息对银行股的影响却是逆向的，此轮降息中存款利率的降幅低于贷款利率的降幅，银行利差收窄，所以短期看很不利于银行股。在某种意义上，央行降息也是对银行调整改革经营思路的警示。

配合着2014年11月19日国务院出台的新"融十条"，央行宣布降息意在砍掉堵在实体企业融资输血通道上的障碍物。直接降低中小企业融资成本，利率调整的影响在于发挥基准利率传导作用，有针对性地引导市场利率和社会融资成本下行，提高利率市场化的灵活度，为经济持续健康发展提供中性适度的货币金融环境。

根据统计，8月我国规模以上工业企业实现利润总额同比下降0.6%；9月情况虽略有好转，也不过仅同比增长了0.4%。如果短期内不能出台直接的刺激政策，恐怕会丧失拉动实体经济振兴的良机。

央行降息让人联想到更多的恐怕还是中国未来货币政策的转向问题，随着美国量化宽松政策QE的退市，各国货币市场何去何从的确是个焦点问题。

中国的货币政策历来以温和著称，但同时也多少被误贴上滞后和被动的标签，其实奉行稳定的货币政策最重要的精髓在于避免急转弯和硬着陆。

2014年三季度以来，中国经济增长乏力的问题显现，通缩压力增加，9月和10月连续两个月CPI维持在1.6%的水平上运行，第四季度也有改观。这就为货币政策进一步宽松留有一定的空间，降息的行为说明中国的货币政策是可以适度宽松的。

但是所谓的货币政策转向还有待商榷，利率的调整相对于量化宽松的货币工具调整还偏于中性缓和。所以央行的降息并不与稳健货币政策的价值取向相悖。但是毫无疑问，此轮央行降息已经打开了中国货币宽松的一个新周期。

面对央行的降息举措，一向是几家欢喜几家愁的局面。银行看似受的委屈最大，但是银行的"钱荒"与自身的经营结构有待优化脱不了干系。中国经济的未来不在房地产，而是要靠实体经济。在未来的一年，中国经济的发展将因央行的果断出手而受益。

谁将是个人征信市场化的赢家？

2015年央行喊话金融业，印发《关于做好个人征信业务准备工作的通知》（以下简称《通知》），要求芝麻信用管理有限公司、腾讯征信有限公司等八家机构做好个人征信业务的准备工作，准备时间为六个月。消息一出，各金融机构嗅出了大商机，纷纷摩拳擦掌准备进军个人征信业务。特别是还在徘徊之中的小微金融看到了光明的彼岸，做金融归根结底是做信用，信息精准全面是信用评级评判的前提，而信用则是金融的灵魂，在未来的金融业，得信用数据者得天下。

在以传统商业银行独大为特色的中国金融行业格局中，信用似乎只是辅助性的业务信息，甚至是简单的历史记录，沉睡在我们的信贷档案里。相比较美国300多家个人征信机构和600亿元市场规模而言，中国目前20亿元的征信市场（包含个人和企业）以及屈指可数的征信公司数量的确是对征信市场化求之不得。这次央行《通知》并没有直接提及牌照发放的事情，不是故弄玄虚，实在是在"简政放权"改革势头下的谨慎之举，毕竟牌照的潜台词是审批，其实只要主管部门遵循将牌照颁给"高效率守规则且标准化"的金融机构的原则，不再走权力审批的老路，显然我们的牌照颁发就不会那么神秘，更不会成为寻租盛宴。

传统银行还有机会成为赢家

过去是个人及法人信贷信息被垄断掌握在银行体系，大数据时代的个人征信市场化无疑让本已被互联网金融搞的晕头转向的传统商业银行更加雪上加霜。其实传统银行在普通老百姓眼里还是最可靠的金融机构，老客户的信赖本身就是最大的资本，只要传统商业银行能将历史上个人信贷及其他业务数据信息转化成信用评级指标，就相当于将经验转化成了新的生产力，将获得其他征信机构所不具备的历史优势。同时，传统银行要想成为个人征信市场化的赢家之一，就必须放下行业老大的心态和身段，与第三方征信机构合作，将手中的信用数据变成银行业务的新引擎。

参与个人征信业务不是吃螃蟹而是分蛋糕

信用也是生产力，信用信息只有融合到市场交易定价的过程中才能实现个人征信的所谓市场化，市场化不是私人信息的交易化而是私人部门交易活动的重要定价依据。结合中国新金融业务的增长态势和数据统计，中国个人征信市场空间将有望超过1000亿元，但中国目前的个人征信和企业征信的总规模仅为20亿元，其中个人征信更是仅为2亿元左右，一旦市场放开，个人征信市场无疑是一个巨大的利润蛋糕。但是面对垂涎欲滴的美味，我们即将获得牌照的市场化征信机构们必须要做好充分的竞争准备才能确保生存和发展。美国在20世纪70年代曾有数千家征信公司，经过几十年竞争淘汰还有300多家征信公司。可见，即使是发了牌照也不是一劳永逸，各个征信公司还将面临征信规模经济的挤出风险，谁的征信市场规模做的大，谁就有机会获得更大的生存空间。过去是抢客户，未来将是争夺个人征信数据的时代。

个人征信市场化将开启消费经济的新动力

个人信用信息的征集与互联互通将给人们的生活带来巨大改变，守法的公民将获得更加优越的融资服务，失信的人将面临着"因公交逃票而贷款被拒"的代价。我们的个人基本信息、借贷信息、消费信息、公共信息等日常行为经历都将转化为决定我们"钱包"的评判依据。

中国经济未来将侧重消费拉动，提升老百姓的消费能力归根结底要靠钱袋子，个人征信市场的发展将给守信的消费者提供更多的融资便利，提高社会资本的周转率。在过去人们贷款靠的是资产抵押，在个人征信多维度系统建立后，人们将通过刷脸和大数据风险评估来实现资金借贷。

从信用信息管制到个人征信市场化，毕竟是一场破冰之旅，信用数据的碎片化还很严重。但是只有走市场化的道路才能让个人征信变成促进国民经济发展动力引擎。个人征信市场化不是将监管权下放给市场，相反是给监管部门提出更高的能力要求。总之，绝不能走回用审批替代监管的懒政时代。

养老金并轨只是迈出第一步

被亿万国民吐槽，但却被长期实行的，有中国特色的"双重标准"——养老金"双轨制"在2015年1月15日被终结了。《国务院关于机关事业单位养老金改革决定》全文发布以后，4000万公职人员养老将告别"免缴费"时代，该怎么理解事业单位养老金改革决定的正式出台对于收入分配改革的重大意义？笔者就此话题接受了中央人民广播电台经济之声《央广财经评论》节目的专访。

刘艳：养老金"双轨制"的终结意义不仅仅在于收入分配，但是对于收入分配的社会效应还是比较大的，因为收入分配的背后还有社会福利的再分配和再消耗的问题，所以过去双层待遇、多重交纳方式的情况出现，会让公民感觉到不公平，但同时也会让我们收入配比很难真实反映我们每个人对社会的贡献，以及对社会资源的消耗。终结养老金"双轨制"有助于缓解收入分配的感性的意识形态的问题，但是更重要的是帮助我们完善社会收入分配，建立更完善的机制。

记者：公平两个字将会越来越多地体现出来。《决定》中有哪些亮点，是否体现了老人老办法，新人新办法？

刘艳：其实这一次《决定》标志着国家养老金进行制度层面上的正式并轨，而不仅仅是过去的一个提议，或者政策的取向，所以它没有回避这些问题，所以所谓的老人老办法，新人新办法是笼统的说法。在这一次的决定里面，它还是相对地解决了几个问题。第一个就是钱从哪儿来？第二个是谁来交这笔钱？第三个问题是怎么去交这笔钱？其中，钱从哪来，也就是怎么去缴纳的问题，《决定》中提到了个人交8%、单位交20%，这是一个基本上限。还有第三个也是最被关注的问题，那些夹心层，刚刚参加工作，也就是在这个政策出台实施之后参加工作的人，将实行新的机制，而这个新的机制还要期待更多的细则做合理的衔接，包括什么叫改革前什么叫改革后，这个后出现的标志，比如说一年还是两年还是三年，还是更重要的一些年限的限制，需要很多细则作为支持，总之在改革之前退休并且交纳15年以上的养老保险，在待遇上基本不会受到影响。

记者：《事业单位人事管理条例》昨天公布。全国事业单位准确的底数也随之公开——现有事业单位111万个，事业编制3153万人。这意味着全国三千多万事业单位人员将参加社保，而社保由谁出资，钱从哪里来，是大家普遍关心的问题。《决定》中是这么写的，单位缴纳基本养老保险费的比例为本单位工资总额的20%，个人缴纳基本养老保险费的比例为本人缴费工资的8%。所有单位马上缴纳，难度大不大？

刘艳：不存在绝对的技术难度，我们存在的是一个改革过程当中一些非技术成本类的支出。

记者：这个怎么来理解？

刘艳：比如说，我们需要部门与部门之间的统筹协调。每个部门要把具体的情况摆出来，然后每个部门应该按照什么样的标准，拿到桌面上去说。不像过去我们习惯的那样出台一个跟职工利益相关联的政策，在底下做所谓的暗中协调，利益的输出、利益的再分配，而是完全按照合法、合情、合理的政策执行角度，公开透明是最好的协调办法。

记者：《决定》中有一条说的是：改革前与改革后待遇水平相衔接。其中对改革前参加工作、改革后退休的人员，通过实行过渡性措施，保持待遇水平不降低。有网友质疑，待遇水平不降低，能不能实现，这钱从哪里来？大家非常关心钱的来源问题。

刘艳：所谓不降低，就是过去待遇没有一个统一的标准，而是按照工作的年限，这一次的《决定》实际上是给出了参考的意见，就是要参考策略化的保险办法，进行补交。同时参考它之前对于本单位的贡献，以及一些具体情况，做出相应配套细则。因为任何一个改革总有一些个案，总有一些是例外，怎么去消除这部分例外给改革带来的阻力，这个是我们可以持续探讨的，它再次说明社会化的服务管理是未来保险养老并轨以后改革的大方向。

记者：要兼顾大部分人的利益。国务院副总理马凯近日在谈到机关事业单位养老金与企业并轨时，明确指出：养老保险制度改革与完善工资制度同步推进。养老金并轨是否为公务员工资制度改革提供了必要条件？

刘艳：应该是一个很充分的成立条件，这一点正好体现养老金并轨技术层面更科学性，而不仅仅是打压公务员的待遇。

记者：关于国务院机关事业单位养老金改革决定正式公布，从公布到现在才不过几个小时的时间，网上相关的跟贴议论已经有很多了，怎么看这样一个正式公布的改革决定？

刘艳：这次改革决定，不仅提出了一种政策决定，更坚定了我们社会化改革的决心和信心，不回避自己的问题，社会化的服务管理是整个企事业单位包括公务员队伍未来的改革方向，它做出了一个很好的先头兵的表率。

改革再出发，
你抓住机会了吗？

第二篇

我的房价谁做主？

公共政策制定不能过度发挥想象力

2013年北京楼市发明了一种新型商品房——自住型商品房,自住保障外还参与商品房交易,这可以说是近年来地方出台住房政策里最富创造力的一个概念。政府调控的初衷美好,即满足那些有自住需求的老百姓,尽管土地出让等过程都还是按照商品房流程来走,但是政府在里面做了非常直接的限价行为,所以更偏向保障房的属性。与以往最大的不同是,政府开始为那些收入高低不就的群体即夹心层,提供了一次降价打7折的特价房的机会,因为它的适用范围很广,并没有像廉租房、经济适用房等对收入低到何种程度的刚性规定。

从政策角度,这次有两个非常重要的亮点。首先,第一次有实际政策条文规定要对夹心层进行普惠,这是一个保障,这也是第一个很重要的亮点。第二,一改过去我们只盯住需求方,比如说限购和加税的方式,而直接控制供给方。从开发商进行房屋开发和建设的角度,直接从供给方开始进行控制。但唯一欠缺不足的是对供给方的调控还不够彻底,没有对土地供应这块做更多详细的规定,比如说地价,也没有对政府行为进行约束,但瑕不掩瑜,总体来说政府的态度非常端正,而且它的普惠层面是很高的。另外,政策中特别提到了对非京户籍的人群的保障,更加具有人情味。总体上,这次自住型商品房的提出方向是对的。

从市场角度看,这次提出今年要有两万套自住型商品房的开工或者建设、开发，然后明年还要推出五万套，加起来共计七万套，在绝对量上来势很猛，但对于2011年、2012年新建的26万套左右的住房数量，不会产生过大的冲击。

以提出自住型商品房为创新点的"京七条"作为宏观调控的一部分，是深化调控的一种体现，特别是强调了对供给方的限制性调控。面对高涨的房价，政府将来必然出台一些更深化的政策，但同时我们必须思考涉及我们调控的目标到底是什么，到底针对高房价开药方，还是要为实现住房的保障性保驾护航？思路必须清晰，否则"四不像"的政策最终会带来更大的社会调控成本。

就目前调控实际效果而言，主流方向更像以保障性为主，希望用保障性房屋的调控来抑制，或者是减弱房价增长的过程，但实际效果是非常有限的。房价实际上是市场房价，是市场行为，保障性住房实际上属于公共产品，带有公共性，所以两者之间有不可兼得的地方。

以自住型商品房为例，政策初衷虽好，但是这种千层饼式的政策设计逻辑难免会带来新的问题。也就是说，这次划定了30%的价格限制，那你是不是还要划分个40%、50%，因为人们对价格的支付承受力划分层次可以无限划分，难以从根本上解决问题。至少，我认为未来要好好考虑一下，怎样形成一种动态的、根据真正的收入房价比动态监测来制定一些政策。

政策执行层面需要配套细则。"京七条"再次提出加强对开发商的监管。这一次，自住型商品房是由开发商竞价土地，开发商开发，同时开发商要组织排号、摇号。因为摇号的这个具体组织过程老百姓肯定是看不到的，只有委托政府做好过程监管工作，那么当政府有权力做监管经济行为的时候，不能否认它会有续租空间，只不过我们用什么手段压低续租空间。客观讲，老百姓自己收入也是暗箱，因为很多人有灰色收入，他也不会主动告诉你，大家都是暗箱操作，这样肯定会有一部分群体受到伤害，所以真正的问题就在于它的监管规则的制定。

自住型商品房对未来的市场的影响，一方面，对于市场供给方会产生对价格控制的引导性，即开发商怎么面对这样新的形势；另一方面，对于需求方而言，需求者会多一种选择，同时会更加综合考虑自己的投资因素。总之，"京七条"是深化调控的一个信号，未来的政策复杂程度会远高于过去。

限购令扩容——市场的边界在哪里？

2011年，注定将成为载入中国楼市调控史册的一年，随着房地产调控力度的不断加强，住宅市场开始全面进入限购、限贷、限价的"限时代"。从这一年开始，国务院常务会议明确要求已实施限购措施的城市要继续严格执行，房价上涨过快的二三线城市也要采取必要的限购措施。2011年8月17日，住房城乡建设部公布对各地列入新增限购城市名单的五项建议标准：一、6月份国家统计局新建住房价格指数同比增幅或1至6月新建住房价格指数月环比增幅较高、排名靠前的；二、6月份新建商品住房均价比去年年底涨幅超过或者接近全年房价控制目标的；三、1至6月新建商品住房成交量同比增幅较高的；四、位于已限购区域中心城市周边，外地购房比例较高的；五、存在房价上涨过快、调控政策执行不严格等突出问题，社会反映强烈的。

至此，限购令扩容已成定局，至于扩容的效果，则取决于中央的监督力度与地方的应对执行情况。但毫无疑问，限购带来的所有影响与社会经济成本将全部由市场上的供需双方来承担。当前，我国房地产市场正在经历前所未有的调控密集期，相比较其他调控措施，似乎限购正在从众多调控手段中"脱颖而出"，成为对住宅市场进行降价、降温的主要措施。当然，限购对市场的影响立竿见影，至少能快速降低成交量，达到迅速降温的冷却效应。但与此同时，我们不得不思考一个重要问题——限购令的边界在哪里，谁将接过"限购接力"的最后一棒？限购令结束后市场何去何从，后限购时代的住宅市场如何优化住宅资源配置？

限购效果立竿见影，市场反弹预期依存

回顾本年度初期开始推行的限购政策，第一轮限购期间共有41个城市或区域被正式纳入限购范围，从住建部公布的全国房地产新建商品住宅指数看，2011年1至6月份在所有限购城市中同比上涨平均值为4.04%，而非限购的城市平均为4.89%。限购城市的房价涨幅明显低于非限购城市。在执行限购政策的城市中，尤以北京这类一线城市为代表，此时期内大量投资性需求被挤出，调整了城市住房分配的供需结构。同时，市场观望情绪的加重让房价的上涨速度骤缓。显然，上半年出台执行的限购政策给屡调不顺的房地产市场注入了一针镇定剂。

但是我们也不难发现，除了京、沪、广、深等城市执行严格，其他很多城市执行的力度并不大，比如部分城市只限购部分城区、部分房源，而且大部分的限购条件也仅为一年纳税等。另外大部分城市的房价调控指标都根据GDP上涨指标确定，很多城市认为自己是"被限购"，因此对限购的解读各式各样，面临新一轮的限购措施扩容，许多有可能成为限购新成员的地方城市甚至主动限价，以此避免成为执行限购措施的城市，即以价格换资格。

另一方面，作为直接受限购影响的市场需求方，很多不符合购买资格的改善性需求方和居住刚性需求方不得不被迫暂停购房计划，投资性需求则选择了持币观望。本质上讲，无论是居住刚性需求还是投资刚性

需求（没有其他投资渠道的需求方）。限购对于他们来讲都不会从根本上打消购房需求，而是期待着购房解禁的那一天。一旦限购令结束，市场反弹的预期将不可避免的成为现实，毕竟真实的需求是存在的，不管是居住还是投资需求。

限购的边界在哪里，后限购时代的市场何去何从？

政府对住宅市场调控的最终目标是优化住宅资源配置，让公民的居住权得到实际保障，同时维护住宅市场的平稳可持续发展。具体来讲，就是一方面鉴于住房的公共性与商品性的双重属性，政府应首先保证公民有屋可居；另一方面，促进商品住房市场的良性发展，通过市场竞争，提供差异化住宅产品，提高社会居住品质。

尽管限购政策的初衷可嘉，但从限购政策的实际执行情况来看，很多期望且有支付能力的居住刚性需求或第二套房改善性需求也随着购房资格门槛的突然增高，而不得不与投资性需求一起被排挤出市场；特别是对于那些既不具备购房资格又不符合享受保障性住房条件的"夹心层"，他们往往是城市的新移民，在一个陌生城市打工奋斗多年，好不容易有能力支付一套房屋的首付，却被告知不具备资格购买，这无疑会令当事人产生不公平感，甚至产生对社会的消极态度，长此以往，不利于社会的和谐发展。这种社会成本将远远高于住宅市场调控的经济成本。因此，我们必须对限购的边界加以准确认定，即回答：限购的对象是谁？限购的范围如何划定？

据国家统计局对70个大中型城市新建商品住宅价格指数显示，2011

年前3个月，房价同比上涨较快的省会城市有乌鲁木齐、南昌、兰州、长沙、昆明、西宁、沈阳、石家庄、郑州等地，而非省会城市则有厦门、秦皇岛、洛阳、丹东、牡丹江、襄樊等地。根据住建部的五条"入选"限购阵容的准则，上述城市"入选"的可能性较大。笔者认为这种猜想不应该成为我们的关注核心，相比较猜测新一轮限购城市，分析限购扩容的背景规律要更具有建设性。

未来新一轮限购政策的深入主要针对执行限购措施的范围进行扩容。此轮限购扩容显然是由于上一轮一线城市及热点区域执行限购带来市场溢出效应，即向二三线城市甚至四线城市的房地产投资增长转移。对于投资者来讲，投资的目的在于回报，通过寻找回报率高且安全的环境与投资标的，实现所持有资产的保值和升值。当住房的投资属性大于居住属性的时候，会有更多投资性甚至是投机性需求涌入住宅市场。当资金在某个城市投资回报降低且投资环境紧缩时，这些资金就会向机会空间更广阔的区域流动。这是资本流动的基本规律，对于房地产市场亦是如此。因此，部分地区执行限购，住宅投资机会减少时，原有聚集在一线城市的资本就会向二三线城市渗透扩展，这必然推高了新投资区域的市场价格与投资热度。正是在这样的缘由与背景下，中央决定对限购令进行扩容，将更多的城市纳入其中。但是，既然资本流动的规律不会改变，那么这种扩容的范围边界究竟在哪里呢? 按此推演，限购令最终会覆盖全国房地产市场的每个角落，如果真有那么一天，失去供求关系良性循环的市场恐将真的面临崩溃。

如果想破解这一难题，笔者坚持认为只有疏导结合，在实施限购令的同时，逐步推行限售政策，让以投机为目的的炒房者失去获利的机会并退出渠道，才能真正将居住刚性需求与投机需求相区分，进而实现住宅市场的平稳可持续发展。解铃还需系铃人，市场自身出现的问题还是要回归市场进行解决，行政调控是必要的，毕竟市场的自我纠正机制在缺乏监督时的局限性非常大。但对于限购这双"看得见的手"，究竟能伸多远，能坚持多久，这些都还不得而知。不过可以肯定的是，在对市场进行调控的同时，我们必须不断地对调控政策工具进行优化和完善，才能实现最初的政策目标。对于企业，可持续性发展是成为伟大公司的基础；对于政府而言，政策的连续性和公正性则是政府公信力的基石。

谁解土地增值税原罪之惑?

2013年年末,土地增值税,一个平时并不为老百姓了解的税种,就这样在央视的曝光下火了,揭开了关于房地产开发过程中最大税种的讨论序幕。原本确立实施多年的土地增值税为什么会在今天引发如此之大的争论?在国税、地税对地产开发领域税务问题严防死守且开发商小心谨慎应对的背景下,为什么会出现如此截然相反的两大观点阵营?我想,这并不是简单的官方媒体与房地产开发商的是非之争,也绝非单纯的任志强先生与央视的口水之战。土地增值税到底有何神秘之处?是否带有原罪?土地增值税原罪之惑的解药在哪里?都值得我们略探一二。

一看央视。题为"开发商拖欠土地增值税达3.8万亿元,房价怎能不高?"的报道足以令百姓瞠目结舌——原来开发商偷税漏税如此之多,房价还这么高,真是太不道德。这则报道再次巩固了开发商在百姓心目中不道德的形象,同时更将房价过高这个公众关心的问题推到了台面上。仔细一想,央视此次做法多少有点"醉翁之意不在酒"的味道。

二看开发商。报道中最刺眼的不是3.8万亿元几个字,而是"拖欠"二字,明摆着是指责开发商偷税漏税,一下子刺痛了开发商们的神经。他们纷纷"辟谣",各大开发商争先解释,并指出不是拖欠偷税而是尚未缴清这个预缴税种。其实开发商们心里清楚,土地增值税是每年企业税务筹划的必做功课,因此心安理得。同时,开发商代表们展开反击,取笑央视不懂土地增值税的真正"玩法"，更不懂企业税务筹划的高技术含量。要知道，如果足额缴纳土地增值税等税费，估计没几个开发商能够活下去。

三看税务局。国家税务局和各地税务局可谓是本次土地增值税之争最富戏剧性的角色。按常理，央视曝光偷税漏税，税务局应该与央视保持绝对一致，甚至"联合执法"，但这次却也不得不站出来"辟谣"，指出央视报道的不严谨，甚至召开发布会发表解读公报。

种种怪现象引起了人们对土地增值税的好奇，如此数额巨大的土地增值税"漏洞"算不算原罪？原罪之惑的症结在哪里？土地增值税的直接目的是针对土地增值部分进行征税，实行累进税制，属于预征税种。其根本目的是希望通过抬高土地税收门槛，降低拿地的不理性，控制市场热度，进而控制房价，最终将土地增值税额进行社会再分配，与土地所在区域的人民共同分享财富。但很显然，土地增值税走到今天并没有实现这个目的，采取预缴方式的土地增值税，让开发商们慎而又慎，尽管税务局实行"多退少补"，但实际执法中，只有少补的，多出部分通常算作其他税种缴纳，这显然会影响开发商的现金流和资金利息收入。所以，开发商的策略是能少缴就绝不多缴。之后，在土地增值税结算环节，开发商往往通过对土地增值税的征收清算规则的利用，让项目"永远"达不到结清标准条件，这也就是开发商叫屈的原因，毕竟人家没有偷税漏税，只不过是未达到结清标准而已。所以不是开发商的原罪。对于央视而言，土地增值税问题显然也不是央视的原罪，这次是标准的无知者无畏加无罪。对于税务局，他们则更会认为不是自己的原罪，不是税务局不想征，而是房地产长期占据着地方政府交税大户的地位，开发商活不下去了，别说土地增值税，连财政都没保障了，朝谁收税去?

　　总之，如果土地增值税真的存在原罪问题，那么困惑就处在我们的税种设立和税制相互矛盾之间，真正的原罪是我们的土地增值税执行配套规则与该税种设立之初目的的背道而驰。改革之路，始于税制破冰。

永不落幕的高房价？

这两年，中国的足球成功嫁给了开发商，足球找到了投资的婆家，开发商也开拓了一个取之不尽的品牌营销资源。10亿元砸到地产圈，连个响都听不到，但是却能在足球圈一展土豪魄力。品牌开发商的高效管理经验在足球界大获成功，恒大足球的异军突起甚至让外界质疑未来恒大的主营业务。地产商跨界早已不是新闻，但是近两年的开发商的跨界经营行为已经脱离了试水玩票的层面，难道是因为中国楼市真的走下坡路了吗？而且是那种一泻千里，难以挽回的衰退吗？笔者不禁要问，开发商们都"不务正业"了，为什么房价依旧高歌猛进？其实，跨界归跨界，还是让我们回到中国地产开发的发展轨迹来寻找答案吧。

近两年，以银行为代表的金融业闹"钱荒"，但这并没有妨碍向来特立独行的土地市场，频频出现的"地王"让所有因为"钱荒"而准备唱衰地产行情的看官们大跌眼镜。"钱荒"与"地王"，虽然没有"朱门酒肉臭，路有冻死骨"一般的凄惨对比，但也称得上是冰火两重天。无论是"钱荒"还是"地王"，都只是在特定时期出现的极端经济现象，其对应发生的背景正是实体经济活力衰弱与受到调控干预扭曲的地产市场。

面对地价屡创纪录，原料成本激增，房价岂能不高？十年调控十年涨，不管市场是兴是衰，高房价真的就永不落幕吗？从某种意义上讲，最

近这场"钱荒"与"地王"的故事似乎道破了十年调控十年涨背后的玄机
——在近十年的地产盛宴上，政府与市场轮流做东，无论谁做东，高房
价都是一道永远保留的招牌菜。

与十年来市场变化与调控翻新相比，高房价的形成轨迹也并非一成
不变。从市场需求主导高房价到行政干预主导高房价，高房价形成的诱
因在发生变化，购房者的行为选择在发生变化，然而唯一不变的就是一
个"涨"字。

透过本次"钱荒"与"地王"的微妙关系，可以窥探下高房价形成
的新趋势。所谓"钱荒"，是针对市场上货币流动性而言，本次集中体
现在银行体系。"钱荒"和"地王"之间原本没有直接的因果关系，本
次"钱荒"的出现一方面起因于中央政府（央行）货币流动性方面的政
策转向收紧，并且赶上银行6月份收储业务的时点。此次央行带有警示性
的政策转向意在告诫商业银行不要依赖于不断注入的流动性，而是需要
各金融机构主动管控流动性缺口。不过，需要注意的是，由于实体经济
不景气，出现大量资金流入地方债和房地产领域，这正是造成本次"钱
荒"的诱因之一。另一方面，对于资金面相对宽裕的地产央企和有境外
上市融资渠道的企业来讲，其受制于国内"钱荒"因素就较少。土地作
为房地产开发的战略性资源，地方政府的债务抵押90%以上依赖于房地产
行业。所以，土地市场竞争在此期间越发激烈。

地方债推升高房价

地方政府对房地产业的依赖性来自于土地增值带来的区域经济的

动力，来自于房地产业高利润带来的直接税收利益，而近年来地方债问题的出现更加让地方政府视土地出让金为还债利器。2008年金融危机以来，各地方政府为持续在经济领域的开疆扩土，大量举债，进而举债成风，最终举债成瘾。为推动中国经济快速平稳度过全球金融危机，中央政府放松了借款限制。如今，各省、市债务总额介于10万亿至20万亿元人民币（1.6万亿至3.2万亿美元）之间，在规模上相当于中国经济总量的20%至40%。国家审计署公布的《36个地方政府本级政府性债务审计结果》显示，截至2012年底，4个省本级、17个省会城市本级承诺以土地出让收入为偿债来源的债务余额达7746.97亿元，占这些地方政府负有偿还责任债务余额的54.64%。在实体经济低迷、外部经济环境尚待恢复之际，地方政府为保增长保政绩，必然选择"卖地"这一捷径。尽管中央近年来多次针对高房价出台重磅调控政策，但出于对经济效益的考虑，地方政府煞费苦心地采取策略性执行。

由此可见，在地方债和GDP增长的双重压力下，地方政府主观上排斥中央调控严政，客观上则策略性执行中央调控政策，以此来最大限度地维护高地价和高房价。

调控主体角色错位推升高房价

从本质上讲，高地价是高房价的主导因素之一，要想打压"地王"必然会伤及地方利益。政府作为土地市场的直接参与者。这本身就决定了土地价格不断高攀的必然结果。控制房价，必然要首先控制地价，但运动员与裁判员要分开任用，政府要回归公共服务本色，而不应当成为市场经营的直接参与者,只有如此,各项调控政策才能真正落到实处。

自从2003年实施有针对性的房地产调控以来,每当房价出现暴涨,政府总会在第一时间扮演力挽狂澜的角色,连出重拳打压房价,最后干脆采取限购这一强制性措施。但令人感到奇怪的是,不管是引导式调控还是强制性行政干预,似乎都无法阻挡房价的高涨。面对这种情况,我们经常会解释说,调控的本意是好的,只是执行起来客观情况很复杂,所以效果不好。其实不然,十年的调控从它诞生那一日起,就带有天生缺陷,永远只对开发商的所谓贪婪与购房者的投机心态进行穷追猛打,却永远不敢于面对调控主体对房地产利润的渴求。打铁还需自身硬,不能勇于跳出利益既得角色的任何调控带来的只能是更加高涨的房价。

永不落幕的高房价,其背后是永不落幕的行政过度干预,永不落幕的地方既得利益之争。今天的高房价,其出身已今非昔比,来自市场的诱因越发不足为论。面对政策调控主导下的房地产市场,要破高房价的金刚不败之身,只有直击制度利益软肋。

地产调控莫走回头路

在2014年的第二个季度即将结束之际，中国楼市正经历着继2009年以来又一次过山车式的波动，与以往不同的是房价下行的坡度更大、距离更长，一线城市连续多月的两位数量价齐跌现象实属罕见。中国楼市拐点真的来了吗？拐向何处？楼市，向左还是向右？在楼市一片混乱之际，政府再次出手，但这次与以往比更多了几分谨慎与沉稳。

土地政策与货币政策构成是对房地产市场构成根本性影响的两大政策工具，诸如限购限价等行政干预手段更具临时性，是房价波动和楼市震荡的重要原因之一，在过去的几年里房价的快速增长或加速下跌都会引发新的行政调控，对各种政策预期的不明朗也会增大最具中国特色的所谓恐慌性需求和抛售风险，反而压制了实际的刚需，最后付出报复性反弹的沉痛代价。

如果说过去楼市经常爆发恐慌性需求扰乱市场，政府调控又何尝不是恐慌性调控呢？

进入2014年，中央政府的调控决心未减，但很明显调控轨迹正在发生积极调整，是一个自我修正完善的过程，深入基层的调研和面对楼市震荡不再慌忙出台"止血"政策的行为都说明未来楼市调控将逐步跳出"房价越调越高"的尴尬效果，这值得肯定。

不仅在中国，各个国家的房地产市场都会受到该国内外的经济政策环境的影响。毕竟，房地产作为连接国家金融与公民资产权益的重要结合体，政府出台政策干预是必要的，中国楼市的政策市特征还将长期存在。面对正在发生微妙调整的政府调控楼市的轨迹思路，未来房地产市场将会作何反应呢？

尽管在经济下行压力较大的背景下，很多关于盘活资金存量和优化金融结构的中央声音都被解读为放松社会投融资总量的经济刺激信号，进而推演为刺激房地产经济或"救市"的信号。但是，在多个产业产能过剩、房价泡沫以及地方债务风险难解的现实情况下，楼市疲软还将持续，一线城市阶段性价格拐点已经出现，二三线城市乃至四线城市的市场分化加剧将延续到年底。这对地方推进城镇化进程将形成很大的挑战，及时注入相应产业规划是降低和规避"鬼城"风险的根本途径。依靠中央对地方政策权力的下放而重新激活楼市的疯狂。这种现象出现的可能性极小，地方经济的承接能力与楼市存量房去化能力都对未来楼市房价的快速增长形成发展抗力。

中国房地产历经风风雨雨，如今就像血气方刚的青年正在步入成熟的中年时代。一直共同成长的不仅有中国的楼市，还有政府。恐慌性需求不是成熟市场应有的特征，同样，恐慌性调控也不应是一个市场经济下的政府公共管理行为。政府为承接公共权力而诞生，政府的起源性质决定了政府希望对市场拥有千手观音般的干预手段，但毕竟有形的手是有限的，鉴于市场的无穷多变性，政府在干预市场过程中总是会缺少那第一千零一只手。与之相对应，无形的手也是无限的手，市场规律的融合与自我革新的特性在此时更显重要。所以，建立调控的长效机制，核心是尊重市场的基本规律。阶段性行政干预手段的逐步退市将成为趋势。只要对楼市的调控不再走恐慌性调控的老路，支持楼市发展的长效机制就有望建立，楼市的价格分化与涨跌有序也将在市场的可控范围。毕竟，永不停歇的房价上涨与一泻千里的房价下降都不是政府所希望看到的。

不调控就是最好的调控

2013年11月12日，中共十八届三中全会公报全文刊发，但公报未提及房产税等有关楼市调控长效机制的内容，只多次提及促进市场化。对此笔者谈到两大观点。

观点一：不提调控就是最好的调控信号

本届三中全会的受瞩目程度不亚于37年前的那个历史时刻。改革文化深入人心，对房地产业的变革期待指数尤为高涨，归根结底是因为高房价对社会稳定和人民切身利益的影响与日俱增。本次公报全文未明确包含涉及房地产市场调控的内容，这恰恰体现出调控的升级，意味着我们的政府已经认识到面对市场，以行政干预为主的调控作用越发有限，甚至出现房价越调越高的尴尬局面。让市场问题回归市场解决，这正是政府在房地产调控领域做出的理念与行为的巨大转变。所谓长效机制的建立最终也要回归市场发展规律。毕竟，我们这些年调控目标始终徘徊在控制房地产市场价格和提供居住保障的游离状态，调控犹如梦游，调到哪儿是哪儿，这造成不断用一个新政策来弥补上一个政策的错误这一调控怪圈。

观点二：政府要托刚需的底

在近日新公布的《中共中央关于全面深化改革若干重大问题的决

定》中明确提出促进房产税的立法等，但这是在完善我国税制的背景下进行的税收财政改革。这与未来房地产市场的影响的关联度还有待探讨。房产税作为一种调节社会收入分配的占有所得税，其主要功能不是调节房价而是对社会财富资源的分配调节，因此《决定》中的提法较过去更为科学，是对市场规律的尊重。

同时，按照习近平总书记"不'十全大补'、不面面俱到"的要求，文件起草组坚持"三不写"：一般性的举措不写；重复性的举措不写；纯属发展性的举措不写。通过对《公报》与《决定》两个文件的分析，我们应该给予政府掌声，毕竟政府在逐渐归位，过去政府既想托住市场的底，又希望托住住房保障的底，这显然会不堪重负。高房价并不可怕，可怕的是高房价下百姓的生活冰火两重天。

中国房价只能疏不能堵

中国房地产市场在2009年初经历了金融危机后的短暂"复苏"，但很快又在宏观经济环境难以支撑的背景下迅速成为需重点调控甚至抑制的对象，住宅市场更是调控的重中之重。处在风口浪尖的所谓"房价"，实际上是指住房价格，这也是本文的主题词。虚高的房价危害国民经济、降低国民幸福指数，中央将稳定房价列为维护经济秩序，保障社会和谐的重要方式的确符合民意且及时准确。价格是反映市场供求关系和市场运行状态的重要信号，对价格的有效调节归根结底要找准价格形成和增长的根源，以市场规律为依据，综合运用行政与市场工具，采取"疏"与"堵"相结合的治理办法。

土地价格是住房价格的形成根源

土地是一切建构在其上的生产活动和产生各种经济关系最基本的物质载体,是一种特殊的商品,其市场价值也要由以货币为主要形式的价格体现出来。土地价格主要是指公开市场条件下形成的土地价格。土地本身的自然属性很难改变,但土地价格并非一成不变,会受到各方面因素的影响,如政治、经济、文化心理、人口、人文环境、自然环境、区域约束、建筑面积、国际市场等。土地是一个国家的首要战略资源,因此影响土地交易与价格的首要因素是一国的土地制度和土地流转机制设计。

由于各国国体和政体不同,土地制度亦有所不同,在土地价格的形成机制方面也各有特色。我国实行社会主义市场经济,土地遵循公有制原则。自新中国成立至今,我国土地价格可以说是经过了"从无到有"的过程,20世纪80年代我国土地的所有权和使用权得以分离,并且开始实行土地有偿使用。《中华人民共和国土地管理法》第二章第八条明确规定:城市市区的土地属于国家所有。国家垄断拥有土地所有权。

根据经典的马克思主义政治经济学中的价值理论,住房价格的理论价格构成可以用"W=C+V+M"来表示,其中W代表住房价格,C+V代表住房成本,M代表房地产企业获得的利润和上缴税金。目前,住房价格的现实构成主要包括:土地开发费、房屋开发费、配套税费、管理费用、开发商利润及流通费用等。

住房价格影响因素分析表

影响角度	影响因素	备注
供给角度	土地成本、建筑成本、区域因素、房屋结构、房地产投资、供给者偏好、行业水平、信息支持	住房价格的形成和运行是多因素的综合作用的结果，而非单因素作用结果
需求角度	人口因素、消费水平、市场预期、需求者偏好、收入水平、区位因素、自然与人文环境	
政府干预	政治因素、公共政策、土地制度、行业法律法规、行政水平、城市规划与发展战略	

    供求关系决定着价格的相对变动，而成本则是影响价格的绝对前提。目前，我国土地成本占到住宅产品成本的60%甚至更高，这首先就决定了住宅产品静态成本相对较高。住宅用地70年使用权的出让制度让开发企业无偿享受了70年间周边市政环境与城市发展带来的土地增值空间，项目周边环境的优化又为价格上涨提供了充足的市场理由。同时，土地增值税的收缴及监管又很难到位。种种这些都是由于制度或规则的不完善带来的房价上涨冲动。

    依靠增量土地创造财政收入，即"土地财政"，是我国一些地方政府的普遍现象，通过卖地的土地出让金来满足财政需求实际上也是世界上很多发达国家的做法，但国外主要通过逐年对存量土地征收物业税、房产税等方式创造财政收入，这样既体现了公平性，也保证了政府有相对稳定的财政收入。当地方政府的财政收入命脉在于土地出让收入时，推高地价并造出一个个"地王"将成为必然结果。高居不下的地价会反作用房价，形成新的房地产价格泡沫。

借鉴各国房价调控经验,建立科学住房价格调控体系

目前,中央对稳定房价的信念很坚决。近两年,中央连续通过收紧信贷、提高首付、限制性购买、价格审批备案、退出房产税等一系列强有力的政策措施,希望通过抑制投机性需求进而控制住飞速上涨的房价。短期内的一系列措施的确迅速抑制了房价快速上涨,但是价格的波动是由供求关系决定的,针对购买需求采取的控制措施只是单方面的,不能对房地产市场及房价进行长远的结构性调整。相反,如若政策执行不当,反倒会殃及真正的刚性居住需求,这将与政策初衷背道而驰。

那么,国外都有哪些值得我们借鉴的调控经验呢?下面笔者就对国外部分国家的相关调控措施进行简要地梳理。

房价调控的标杆国家——德国

德国实施指导价制度,地价、房价等由独立的地产评估师来评估认定。这类指导价具有法律效力,所有房地产交易有义务照此执行,在合理范围内浮动。德国物价水平平均年涨幅2%,而房价每年仅上涨1%。德国的调控政策独具特色且其针对性很强。

第一,不将住宅建设作为德国经济增长的"支柱产业",而是作为社会福利机制的重要一环。房地产政策始终是德国政党竞选的主要辩论议题。无论是执政党还是在野党,任何人提出的政策如果不是保障民众的住房福利而是抬高房价,丧失的可能就不仅仅是选票,而可能会是整个政党以及政治家的政治生命。

第二,特有的"合同储蓄"住房金融模式,以及房贷的固定利率机

制，为稳定房价提供了金融制度保障。与住房抵押贷款模式或公积金模式不同，德国实行"先存后贷"的合同储蓄模式。德国所有房贷都实行固定利率制，储蓄房贷利率低于市场利率且固定不变，商业贷款固定利率期限平均为11年半。这种长期的房贷利率周期，可抗衡任何金融市场的波动，对房贷市场起着稳定器作用。

第三，税收调节遏制房产商、炒房者获取超额收益，将高房价纳入刑事责任。自有自用的住宅不需要交纳不动产税，只交纳宅基地的土地税。用于出售的房地产首先要缴纳评估价值1%至1.5%的不动产税，房屋买卖还要交3.5%的交易税。如果通过买卖获得盈利，还要交15%的差价盈利税。德国法律规定，对于房价、房租超高乃至暴利者要承担刑事责任。如果地产商制订的房价超过"合理房价"的20%为"超高房价"，根据德国《经济犯罪法》就已经构成了违法行为。如果地产商制订的房价超过50%则为"房价暴利"，触犯《刑法》构成犯罪，出售者将受到更高罚款，甚至最高被判处三年徒刑。

美国：利率和税收作为主要调控工具

美国的住房市场比较成熟和完善，主要依据市场规律运行。房屋的建设、销售和价格均由市场供求这只"看不见的手"操纵，政府并不直接干预。政府调控房地产市场的手段，主要是利率和税收，出台有利于普通消费者购房的规定。比如，在有70套以上的住宅项目中，开发商必须将至少10%的住房出售给为当地社区服务的人，像教师、消防队员、警察和图书馆工作人员等。这些住房面积可以比较小，但售价必须比整个项目住房平均市价低25%。

在税收方面，对房地产消费和投资影响比较明显的是房地产税。美国50个州都已开征房地产税，税率一般为1%至3%。州政府相关部门每年定期对房地产价值进行评估，以此作为征收房地产税的依据。因此，住房价格上涨既意味着个人房屋资产价值增加，同时也意味着个人必须缴纳的税款增加。

政府的这些调控手段和规定之所以能够发挥作用，得益于美国比较健全的税收制度和房地产评估体系、多元化的房地产金融服务体系、严格的商业法治氛围以及完善的个人信用评估制度。

法国：征收房产税，推行廉租房

法国自1996年以来，房价曾一路飙升，上涨达135%。经过大约10年的飞涨，从2005年开始，法国房价增速明显放缓，这期间，政府的调控政策发挥了巨大的作用。为遏制房价过快上涨，法国政府大力推行廉租房制度，对房产所有者征收重税，并不断完善房屋租赁市场。

俄罗斯：司法部门和反垄断局专项调查房价，推动保障房建设

俄罗斯2006年全年房价增幅高达60%，首都莫斯科市的房价增长了1倍，平均房价达到每平方米4200美元左右。虽然经济的复苏使得俄罗斯人收入有所增加，但其收入增长速度还是远远落后于房价上涨速度。高房价使大多数俄罗斯人，特别是普通百姓的居住条件无法得到改善。2005年秋，时任俄罗斯总统的普京提出旨在提高国民生活质量的四大国家优先项目，其中之一涉及住宅建设，主要目标是加快危旧房改造，推动经济适用房建设，保障房价趋于合理，使更多普通百姓能够买得起房。

启示

纵观各国房价调控经验，回顾我国房价调控的过程，我们从中能发现房价调控的症结所在，同时也能总结一些值得借鉴的调控思路与方法。第一，按照市场规律办事，遵循价格波动的供求关系原理在充分发挥好市场这只"看不见的手"的作用前提下，合理适度地运用直接行政干预手段，由抑制社会住房交易向引导合理投资及住房资源分配转变，在"限购"的同时更要"限售"，这样才能从根本上抑制投机性购房需求，进而控制房价。第二，各国经验证明，政府调控房地产市场的有效工具有利率、税收、立法。其中房产税的征收能对房价起到间接的控制作用，但调控效果取决于房产税政策的实际执行情况。房产税作为一种不动产税，本质上是为调节社会收入分配而设立的税种。第三，加大保障性住房的建设力度是各国在调控房价问题上达成的共识。通过保障性住房的分配稀释商品房市场上的居住刚性需求比例，对住宅市场供求关系进行调节，实现市场价格的理性回归。

楼市限购松绑正当其时

2014年6月26日上午9时左右,呼和浩特市房地产开发监督管理处正式发表"更正声明",称将第七项第二行括号内"含二套住房"改为"含二手住房"。至此,呼和浩特市放开限购,成为全国首个正式发文确定放开限购的城市。

2014年7月,笔者就楼市限购松绑新政接受了中国国际广播电台《新财富时间》节目的专访。

记者:今天我们来关注一下楼市。6月中下旬,从呼和浩特开始有更多的城市实质性地考虑松动限购政策。有业内人士分析说,限购政策可能会在除了一线城市和超过1000万人口的城市依然存在之外,其他城市都可能被逐渐地取消。预计说30个以上城市限购将可能在年内取消。如果真如其所言,楼市出现大面积的松动,将会对市场各个主体产生什么样影响?

刘艳:我们看到从今年4月份以来,福建、无锡等很多城市都陷入楼市怪圈。首先政府放风,舆论聚焦,反响特别强烈,紧接着政府辟谣。呼和浩特比较厉害,直接规定居民限购不再要求提供住房套数的查询证明。国家对呼和浩特的做法是什么态度?其实我们说一个政策的松绑也好,紧缩也好,实际是根据市场调控的要求而来的。国家的原则性态度就是希望市场越来越好。地方政府源于地方的实际情况有强烈的松绑限购需求，就需要派一些调查组。今年中央政府对地方楼市调控的原则就是分类调控管理。

记者：怎么分类?

刘艳：分类很明显，当楼市上涨过快，很显然要增强紧缩性的政策。如果你的楼市出现了大面积的，或者快速的下滑，至少中央政府要了解一下。我们知道一个城市的楼市对一个城市乃至周边经济带来直接的影响。但是为什么像以呼和浩特为代表的城市取消限购会成为重大新闻。其实民意是非常强烈的，都巴不得第二天就完全取消限购。实际上，很多地方政府没有一个明确的文件说取消限购，因为要根据实际楼市发展走走看。地方政府根据分类管理的原则，有限度的、可行的状态下能够在楼市保持一个基本控制的前提之下，默认或者允许推动限购松绑，我认为不是一个特别出奇的事情。因为限购作为调控工具，能够出台，也能够有退休的一天。

记者：是可以调整的，而且要看当地接受情况是什么样。

刘艳：上半年的楼市的确出现了令所有人大跌眼镜的量价齐跌的景象。

记者：呼和浩特有什么特殊之处? 是因为它是省会城市，算是一线城市，但人口数量少吗?

刘艳：实际上呼和浩特代表了中国一批这样状态的城市，人口的饱和度、产业的饱和，以及就业增长率不能满足当地经济持续发展。限购的时候，楼市被炒起来，不是被支撑起来的，是带有泡沫性质的，然后成为被限购的对象。

当被限购一段时间之后，泡沫破灭的时候，我们发现这座城市愿意买房的人,还有包括外来投资都没有了。所以它一下成了调控的受害对象。

记者: 呼和浩特跨过红线给很多地区以希望。业内人士说,年内有30个城市取消限购,这个数字怎么算出来的?

刘艳: 是一种预测和感官感觉。我在上半年曾经走访过30多个城市,我感觉当地对限购松绑的呼声很高,开发商、政府或者是购房的人都希望限购松绑。限购使得一部分人买不了、一部分人没有能力买、一部分人等待政策松绑,进而满足自己住房的刚性需求。

记者: 您都走访哪些城市?

刘艳: 像徐州也是比较有代表性的,应该是三线城市,二线城市归不上。还有无锡,包括杭州这些城市,都是在上半年出现了很大的量价下跌幅度,特别是价格跌幅是很大的,江浙地区会明显一些。

记者: 杭州这样的城市很多,有的人在网上说,收到这样短信:万科开发两个很重要的楼盘都已经在降价格了。

刘艳: 这个很正常,万科是一个集团化标杆的企业,一个城市对它的影响不是很大。我们说当一个城市外来的标杆企业都受到了影响的时候,很高大上的品牌企业都受到影响的时候,很大程度影射了当地楼市的不景气。

记者: 刚刚您和我们介绍了您上半年走访的一些城市,大家希望限购松绑的呼声都是比较高。但是如果限购解套之后,对于房产刚需的群众,真的会产生很大的影响吗?

刘艳: 会有影响,一定会释放一些刚需。我们首先界定一下刚需,刚需是有首套房需求的人,他们在楼市最火爆或者是在黄金十年买不起房，但是并不代表限购松绑就能买得起。我们取消限购政策的时候，对刚需有一定作用，但必定是有限的。不能忽视2009年、2010年实行很严厉的调控之后，很多楼市还在往上涨，只不过是快慢而已。

记者： 现在松绑基本上都是三四线城市，但有些人已经有房了，却还要买。

刘艳： 已经有房的人再买房就变成投资行为了。楼市也好，金融市场也好，投资市场也好，实际上是预期的市场。别说老百姓，就是专家、开发商，他们认为市场不像过去繁荣的时候，也会驻足观看，不会快速出售。限购解套不会对楼市产生格局性的变化，拐点必然存在，2014年或许会成为拐点年。

记者： 您的意思是房价还会再往下探，有多大区间。

刘艳： 我们拭目以待。

记者： 都说上半年房企日子并不好过，上半年过去了，很多上市公司发表业绩报表，有些地产公司效益还很好。万科7月4日披露6月份销售简报，公司累计实现销售面积和销售金额都同比增长了14.6%和20%。万科一直说自己慢慢涨，但是确实不是很慢，而且不只是万科，还有很多开发商，业绩都比较理想。

刘艳： 这个很正常，符合这个行业发展的规律。通俗讲，行驶在大海上的船只，风平浪静的时候，所有的船只都能平稳地前进，一旦出现暴风雨，出现跌幅的时候，你发现只有大船最稳，小船可能会被淹没。大企业越是遇到衰退包括一些不景气的时候，方显大品牌的定力。

大企业和小企业最大的区别在于战略前瞻性不一样。万科、恒大是大企业，但是它们没有拘泥于住宅企业，也在寻求跨界。往往小开发商只认开发，出现问题的时候很难转型，它的选择就是等待，但是越等资金流越受不了，最后通过并购的方式抱团取暖，这个符合行业规律。

记者：房地产企业一般是家族企业，没有特别高的前瞻性。

刘艳：它借了房地产发展十年的势，谁干开发商都会挣钱，现在不一样了，是市场洗牌的过程。

记者：大的房地产企业开始走向国际，开始更多地开发，比如说养老地产，旅游地产。

刘艳：都在寻求跨界和突破。

记者：上市公司当中比较小一点的房企是不是压力很大呢？

刘艳：压力比较大，因为上市企业是一个公众公司，要对所有股东负责，如果不能实现持续增长赢利，那它的股价，包括他资金结构和股本结构都会发生变化。

记者：松绑房地产限购，可能对房地产股票产生什么样的影响？

刘艳：短期的刺激会有，但是长期不会产生根本性影响。因为限购政策对今天整个房地产行业讲，对于个体企业讲，已经不是决定性因素。因为我们知道即使市场放开，刚需也存在一个支付能力的问题。第二个是市场观望情绪浓重，过去盖个房子，开个项目就会火的时代已经一去不复返了。限购虽然把市场打开了，供应量增加了，但是房企的日子并不好过。

记者：刚刚您介绍了一下，在上半年不是特别景气的情况下，为什么一些大房企的业绩有亮丽的色彩。您提到单一政策对楼市影响并不大，如果说现在房企面对现金流的危机，现金贷跟不上，楼市松绑能够拯救这个公司吗？

刘艳：不能，如果能也是个别的情况。因为实际上您把现金流、信贷和拯救危机联合在一起。现金流跟货币政策、信贷政策，包括房地产开发商投资环境是密集相关的。从2009年开始，开发商不断寻求新的投资方式，在形式没有那么严峻的时候，融资环节都很受束缚，今天就更受束缚了。而且国家对货币政策、对控制流动性盘活，重点放在实体经济，对房地产没有倾向。就是外部货币政策和内部企业融资结构，都不允许充分扩大外部给你输血，你用很高的杠杆率撬动一个项目，条件不具备。所以楼市松绑，实际上政府意在松绑市场，让有需要的人买到房子，目的不是拯救开发商。

记者：受到影响的首先是房地产商，事实上好像并非只有房地产商是受害者？

刘艳：是。因为房地产市场占国民经济的20%，比例很高，虽然我们不要总是强调支柱产业，但是我们必须承认房地产对经济的支撑作用。房地产开发市场快速下滑，对实体经济、对宏观经济也没有好处。

记者：怎么传导？

刘艳：还是通过货币流动性传导。过去银行是开发商主要的输血方，后来有基金、信托，但毕竟是九牛一毛，银行也要有稳定的收益，包括在首套房贷、二套房贷一系列。当楼市受到损失，银行信贷赢利的规模和板块都会受到影响。在宏观基本面没有得到结构性改变的时候，实体经济依旧投资遇冷。

记者：当地政府也并不是特别的乐观？

刘艳：地方政府轻易不敢下决心调整，他引进品牌可以，大企业可以，真正让他扶持一个创业性的孵化产业，他很难下决心，因为怕得不到回报,他宁可引进沃尔玛也不会引进民族企业。

　　记者:沃尔玛的回报很稳定?

　　刘艳:而且代表城市的品牌,有直接的好处。

　　记者:而且带动周围很多的商铺。2014年房地产下探空间有多大?

　　刘艳:上半年下滑超出大家的预料,下半年下滑还会继续探底,不要继续保持完全悲观,但也要保持谨慎乐观的态度。

破解中国楼市"产能过剩"之困

自20年前中国开启住房改革那天起，房地产业就注定要成为影响甚至引导我国社会经济发展的重要筹码，也注定成为一个不断制造新闻与社会焦点的行业，一个盛产富豪的行业。而在房地产行业中，住宅产业又成为关乎国民经济、生活品质的重要产业领域。但是，无论房地产业如何占据着国民经济发展的重要地位，无论住宅对于提升公民居住权具有何等重要性，在以投资为动力的经济增长逻辑背景下，今天的房地产业特别是住宅产业（楼市）不得不面对繁华背后的隐患，与其他产业一样面临走进"产能过剩"困局的尴尬。

中国楼市是否真的产能过剩？

中国楼市是否进入产能过剩困局？这是近两年在争议的问题。否认中国楼市产能过剩的观点主要从房地产行业性质角度分析，认为房地产业不属于生产型行业，因此不涉及产能过剩的问题；认同中国楼市产能过剩的观点则是通过对居民住宅拥有率、居住刚性需求、住宅空置率等市场供求关系的角度进行分析，得出中国楼市存在巨大的产能过剩隐患。以北京为例，相较于2008年时的16.64%，北京商品房空置率于2012年中旬已冲高至28.9%，北京楼市的空置率仍处于上升通道。

作为探讨中国楼市所存在问题本身而言，上述两种貌似截然不同的观点实际上都有其分析的合理性。然而我们不难发现二者的唯一区别实际上在于对两个关键概念的界定不同，即什么是产能过剩？什么是房地产产能过剩？

若要判断中国楼市是否真的进入"产能过剩"，首先要对"产能过剩"这一概念进行界定。关于"什么是产能过剩"，在学术领域存在多种不同的阐释。1933年张伯伦（Chamberlin）在其著作《垄断竞争理论》中首次提出"产能过剩"的概念，提出垄断竞争导致平均成本线高于边际成本线，从而出现持续的产能过剩。中国在20世纪90年代开始出现"产能过剩"的提法，并将其含义理解为"重复建设""投资过度""恶性竞争"等现象的代名词。所谓产能过剩，是指固定资本、劳动力、原材料等要素投入，在一定技术水平下达到的最佳产出超过了由市场需要决定的实际产量的状况，同时表现为行业内库存增加、产品价格下降、利润大幅度降低、持续性投资减少，同时生产能力的总和大于消费能力的总和。显然，产能过剩在中西方不同的视角中有着不同的概念解析，但是可以达成共识的是产能过剩中的"产能"是针对产品和企业生产能力而言，也就是说产能过剩问题应该综合分析产品数量的供求和企业生产能力两个方面。

产能是否过剩，不能只看生产能力和可能的总供给量，更重要的是看有多少需求。但需求是个变量，不容易准确测定，特别是当有外在非市场因素干预时，需求的可测性以及市场价格信息传导作用则会大大降低。认定产能过剩，不能忽视外在非市场因素对企业生产行为和产品供需分配过程的直接影响。需要在纵向对比产量增长过快的同时，指出在什么范围内、在多长的时间区间、相对于多大的有效需求而言。因此，在以行政手段调控为主的中国楼市中，分析楼市产能过剩这个问题，就不能仅仅从供求关系已经被行政干预过多扭曲的市场供求角度进行分析，而是要将行政调控因素和投资政策引导下的房企开发建设能力行为纳入研究架构。总之，所谓中国楼市的产能过剩并非普遍意义上的产能过剩，尽管存在一定的商品房空置率，但商品房价格仍然在涨。在受到严厉行政调控的同时，房企在发生投资转向，但仅仅是降低了商品住宅的开发比例，而实际通过其他业态或产品种类开发和销售的面积并没有减少，这是由企业转型和行业退出成本决定的。而且依靠固定投资拉动中国经济这一趋势中短期之内不会改变。根据中国国家信息中心的预测，预计2013年固定资产将增长22%左右，房地产投资将增长15%左右。

从市场供应数量和需求数量关系角度观察，中国楼市的确存在"产能过剩"。2009年之后，中国楼市在建面积与销售面积的比例已经从3左右扩大到5，这意味每销售出去1平米房子，其背后还有5平方米的在建房屋。因此，中国楼市产能过剩困局是针对住宅市场实际供求关系而言，并且主要是针对居住刚性需求而言，而并不能证明中国房地产业全面产能过剩。

根据《中国家庭金融调查报告》，中国人住房拥有率平均达到89.68%，城市的住房拥有率是85.4%，农村是92%。新增刚性住房需求，包括新增成年人的刚性住房需求。"十二五"期间，还有农民工进城、城镇化的过程，这部分住宅需要823万套；拆迁和搬迁算下来有1200万套，比"十一五"期间增加10%。刚性需求数在"十二五"期间一共有一亿套。在中国，有13%的家庭拥有两套房子，5%的家庭有三套或更多的房子。目前在市场上的供给总数是4000万套。这样看起来还有5000万套的缺口。其中针对中国低收入家庭建设的3600万套保障房，剩余商品房开发数量是2300万套。按照目前城镇化进程，住宅需求5年的增量是近3000万套。所以它每年只需要生产600万套房子，就可以基本满足中国家庭城镇化的需求以及各种新增的需求。那么，按照现有房地产行业生产能力和居住刚性需求规模，房地产长期的生产规模只需要现在的30%。这将导致70%的房地产商垮掉。然而现实情况是，拥有房产和未拥有房产的群体依然有购房的意愿，且一旦调控政策有所松动就会有明显的市场回暖。以万科、恒大等为代表的大型房地产开发企业销售额与销售面积持续性增长。公布的销售简报显示，万科前2月销售均价同比上涨16.65%，2月份万科销售金额为93.7亿元；恒大销售约42亿元。那么，既然产能过剩了，为什么房子还可以卖出去？

　　一方面是因为刚性需求减弱导致的生产规模的萎缩，另一方面则是开发出来的房子依然不愁卖（只要政策允许），这种特殊矛盾就是所谓的中国楼市产能过剩困局中的核心困惑。显然，很难运用原有的产能过剩治理方法去破解困局。在城镇化进程依旧迅猛的态势下，中国楼市"产能过剩"的核心诱导因素不是市场失灵导致的产品和生产能力过剩，而更多是政府直接行政调控这只"看得见的手"在起作用。中国房地产行业的发展不到30年，却经历了最为跌宕起伏的发展轨迹。历数中国楼市兴衰，无一不是与政府政策调整有着直接密切的因果联系。在中国楼市出现产能过剩迹象的背后，我们必须正视其发生的根本原因。企业作为理性的经济主体，其投资行为直接受利益回报驱动，政府在面对土地出让收入和财税需求诱惑时，也体现出强烈的趋利取向。最终导致了政府角色的错位，错失了最佳开展保障性住房建设的时机，即在房价还没涨到远远超出居民收入承受范围的时候就通过建设保障性住房来平衡楼市供求关系。当房价和行业利润居高不下时，则有越来越多的其他行业的企业加入住宅开发领域，其中不乏以国计民生为存在逻辑基础的央企、国企。据某媒体统计，自2010年3月国务院国资委发布央企退出房地产行业的通知至今，78家非房央企中，退出者不到1/4。据国务院国资委2012年的报告，去年只有27家主业非房地产的央企公开挂牌转让了40宗房地产企业股权。而且，这也只能表明上述27家央企正在退出房地产的过程中，不能认定已经完成退出。而当房价过高成为社会问题甚至是政治问题时，政府又紧急通过限购限贷等行政强制手段速冻楼市，造成大量购买需求被禁锢。正视这一系列行业规则、政策导向以及地方政府利益驱动才导致了中国楼市今天的所谓产能过剩。实际上，与其说这是中国楼市产能过剩之困，不如说这是中国楼市产能过剩之谜。因为当市场丧失了自我供求关系调节的功能时，任何存量和增量的统计数字都是苍白的。

解铃还需系铃人

在过去的10年房地产大牛市里，房地产业带动中国的钢铁、有色金属、煤炭、水泥建材、工程机械等行业的长足发展，形成巨大的生产能力。2009年和2010年投资的快速扩张，现在到了产能释放期。而需求的增长速度与供给速度及其规模似乎并不匹配。过去20年，房地产投资年均增速约为26%，随着供需形势的变化以及存量的增加，有可能降低到

20%以下，但是在所谓"过剩"的那部分里，有多少是市场失灵的产物，有多少是政府失灵的产物，这才是寻找中国楼市产能过剩问题根源的逻辑起点。正所谓解铃还需系铃人，只有当政府将调控楼市的思维从行政直接干预转向到通过建设保障性住房分流刚性需求并运用市场规律引导需求结构优化的思路上，中国楼市产能过剩困局才有破解的契机。

探讨中国住宅市场的产能过剩问题的核心意义在于反思房地产业发展到今天出现的顽症，特别是政府的角色错位问题，而不在于预测房价的涨或跌，不在于对开发企业的指责。毕竟作为理性经济体，选择投资回报最高的市场行为是无可指责的。

与国家稳定相比，房地产业的超速增长必须为社会经济的可持续发展让路。在楼市产能过剩困局的矛盾面前，任何不考虑非市场因素干预的传统简单数据统计推算都是没有说服力的。关注中国楼市产能过剩，更要警惕扭曲中国楼市供求关系的非市场因素带来的后遗症。

"钱荒"与"地王"的双重困境

2013年6月20日，这个疯狂的一天，足以载入中国银行间市场史册。当日，银行间隔夜回购利率最高达到史无前例的30%，7天回购利率最高达到28%。在近年来很长时间里，这两项利率往往不到3%。时值盛夏，全国各地笼罩在高温之际，银行间市场同样"高烧"不退。从5月中旬以来，中国银行间市场资金利率逐步走高；进入6月份，资金面呈现高度紧张状态，连日来资金利率不断创下新高，史称"钱荒"。

紧接其后的却是"地王"频现。2013年7月3日，北京市丰台区夏家胡同地块楼面成交价超过4万元/平方米，直逼单价"地王"万柳地块。上海浦东新区张江高科技园区商住用地成交价刷新了年内上海土地出让总价纪录。6月27日，上海、重庆、南京、武汉等城市均出现高总价地块。上海徐泾一地块被上海绿地联合福建泰坤公司以47.21亿元竞得，刷新上海今年以来总价"地王"纪录。同日，万科和保利联合体以53.72亿元竞得重庆江北区一块"地王"。南京也推出8幅地块，其中最大一宗地由中粮地产以23.4亿元竞得。在一线城市土地市场急剧升温的同时，购地热也逐渐向二三线城市蔓延。6月28日，武汉4块优质地块拍出25亿元。其中，一块地起拍价3.74亿元，引来6位买家竞相举牌。经过129次竞价，被长江置地以5.12亿元收入囊中，成为该片区新"地王"。

一边是"钱荒"，另一边却是频频延生的"地王"，这是为什么？

所谓"钱荒"，是针对市场上货币流动性而言，本次集中体现在银行体系。"钱荒"和"地王"之间其实没有直接的因果关系，没有"钱荒"的时候"地王"依然会出现。十年调控十年涨，"地王"从未消失，但不断被新的"地王"超越。不过，需要注意的是，大量资金流入地方债和房地产领域，也加速了"钱荒"的出现。

2013年6月份的"钱荒"，一方面起因于中央政府（央行）货币流动性方面的政策转向收紧，另一方面是银行自身赶上6月份这一收储业务时点。此次央行带有警示性的政策转向意在告诫商业银行不要依赖于不断注入的流动性，而是需要各金融机构主动管控流动性缺口。但与此同时，受到"钱荒"冲击的不仅仅有商业银行，更波及了实体经济以及房地产二级市场，很多银行已经缩减甚至取消许多放贷项目。本轮"钱荒"受冲击最大的不是房地产行业而是以钢铁等实体经济。

对于资金面相对宽裕的地产央企和有境外上市融资渠道的企业来讲，其受制于国内"钱荒"因素就较少。土地作为房地产开发的战略性资源，地方政府的债务抵押90%以上依赖于房地产行业。所以，土地市场竞争在此期间越发激烈。土地市场成为唯一持续上涨的领域。

国家既要控制房价，也要打压"地王"，如何破冰？

在实体经济低迷，外部经济环境尚待恢复之际，地方政府为保增长保政绩，必然选择"卖地"这一捷径。尽管中央近年来多次针对高房价出台重磅调控政策，但出于直接经济效益的考虑，地方政府煞费苦心地采取策略性执行。

从本质上讲，高地价是高房价的主导因素之一，要想打压"地王"必然会伤及地方利益。政府作为土地市场的直接参与者，这本身就决定了土地价格不断刷新的必然结果。控制房价，必然要首先控制地价，但运动员与裁判员要分开任用，政府要回归公共服务本色，而不应当成为市场经营的直接参与者，只有如此，各项调控政策才能真正落到实处。

地方政府卖地成风，待到来年审计的时候，它们将如何偿还地方债？

2008年金融危机以来，各地方政府为持续在经济领域的开疆扩土，大量举债，进而举债成风，最终举债成瘾。为推动中国经济快速平稳度过全球金融危机，中国中央政府放松了借款限制，如今中国各省、市、县和村的债务总额介于10万亿至20万亿元人民币（1.6万亿至3.2万亿美元）之间，在规模上相当于中国经济的20%至40%。地方债形势接近失控。

目前，政府偿还债务的主要方式并不依赖于实体经济发展带来的实际经济收益，而是依靠发新债还旧债或者转嫁债务的方式应对地方债偿还问题，这无疑是饮鸩止渴，这种恶性循环最终不能持续下去。地方债引发的风险将危及中央财政安全，土地财政也最终难以为继。经济结构调整，地区经济产业发展转型才是拉动地方经济发展解决地方债高筑问题的根本解决办法，但是这需要当政者的决心和耐心。

国家审计署公布的《36个地方政府本级政府性债务审计结果》显

示，截至2012年底，4个省本级、17个省会城市本级承诺以土地出让收入为偿债来源的债务余额达7746.97亿元，占这些地方政府负有偿还责任债务余额的54.64%，而这些地区2012年可支配土地出让收入仅为2035.83亿元。这些地区2012年以土地出让收入为偿债来源的债务需偿还本息2315.73亿元，为当年可支配土地出让收入的1.25倍。

内地大多数房企，特别是中小房企，银行贷款是其主要融资来源。"钱荒"来袭，融资成本大增，中小房企只能接受被淘汰的命运？

"钱荒"可以解读为央行对银行业的压力测试，但毕竟城门失火，殃及池鱼。与那些依旧疯狂拿地的房企大户相比较，中小房地产企业必将面临更为残酷的淘汰加速度。在很多二三线城市，大型央企或品牌房企进入当地市场后，地方房地产企业往往逐渐被迫退出土地招拍挂市场，土地储备难以为继，最终会导致企业开发项目的能力减弱。

房产税、土地增值税等相关税收的征收力度会因"钱荒"加大吗？

税收政策始终是调控房地产市场的主要手段。针对房价而言，这两项税赋的增加只会加大房屋价格成本向购房者的转移。增加购房和持有房屋的成本会直接影响到市场需求量，需求的缩减带给开发商的销售压力是很直接的。税收政策并不会因"钱荒"而加码，但也不会减弱。税收政策主要是对需求方产生影响，而"钱荒"带来的资金短缺则是对供给方产生直接影响。

新地产和大金融

过去中国近十年来只涨不跌的房产牛市的趋势在2013年年底到2014年上半年被终结了，包括北京在内的一线城市出现了如此大幅度的下跌，让所有人都大跌眼镜。中国的房地产行业已经走到了一个十字路口的拐点区域。新地产的新的唯一特征就是上涨形势变没了。

很多人说地产商是土豪，比地产商更土豪的其实是银行。在我国总计200多万亿元的这样一个资产规模里面，银行占到了150多万亿元，是名副其实的大金融。

三十多年后重启改革，地产与银行将何去何从，还能不能继续大浪淘金，笔者在2014年8月27日的"中国衍生品50人论坛"上做了详细解读，以下是演讲实录：

大家好，很高兴，也是非常感谢这次论坛的主办方的诚挚邀请。主办方在来之前要求我一定要确立一个题目，并且希望主题是关于讲一下地产后市的走向，后来我就反问一个问题，我说地产走向为什么要在这个"中国衍生品50人论坛"上作为议题呢？他们并没有回答我，我说那我就思考一下。实际上地产有一个本质属性，那就是金融属性。但是在过去的十年，乃至二十年的时间当中，也就是中国房地产发展的最黄金的十年当中，没有更多的人去关注，就像刚才太阳城集团的老总所讲，从2000年开始打造可以称之为值得尊重的太阳城项目,也就是说朱凤泊先生用十年,乃至更长时间,打造了一个太阳城项目,而我们的开发商往往十年打造10个项目。为什么同样在中国大陆的这片土地上能够产生这么多不同模式的地产的开发呢?中国的房地产带有它极强的中国式发展的烙印。

这十年来,我们忽略了一个问题,中国地产的金融属性没有得到回归,没有得到它的一个真正的体现,我们忽视了。谈到地产与金融,我们不如换一个词,按照我们过去的传统思维是地产与银行。如果说地产和金融有哪些关系,更多我们的理解是跟银行有关系,简单讲就是银行能给你贷款、能给你钱、能给你滚动开发提供这样一个资金的支持,但是,这一次我特地把题目叫做"新地产与大金融",加了个"新"字、加了个"大"字,如果说什么是新地产?从市场上讲就两字——下跌,过去中国近十年来只涨不跌的牛市的趋势终于被打破了,特别是在2014年的上半年,包括北京在内的这样一线城市出现了如此大幅度的下跌,让所有人都大跌眼镜,楼市的拐点毫无疑问已经来了,所以没有什么更多的新的东西,唯一的新就是我们的上涨形势变没了。

那么大金融呢?金融在我国总计200多万亿元的这样一个资产规模里面,银行占到了150多万亿元,如果我们今天要讲期货或者是其他证券市场产品,银行大鳄们是不值得一听的。但恰恰相反,大金融严格意义上讲和银行没关系,在国外发达国家,我们知道是有钱人,特别是投行在做地产。在中国实际上是政府与银行在做地产,政府提供用地,但是这个无可置疑,不管在什么国家,土地都会受到严格的管制和出让手续的完成。未来中国的房地产需要什么样的金融?银行很显然,已经不再是未来地产的衣食父母，那么说到这一点，刚才大致的跟大家分享了一下新地产跟大金融的这样一个概念。前两天有条新闻说，有一个公司给他的员工买了一份保险，而这个员工刚好在乌鲁木齐突然心肌梗塞，先用商务飞机接到了北京的首都机场，又直接用直升飞机运到了安贞医院门口，为了保证飞机的降落，还实行了临时的交通管制，总耗费是50万元，引起了社会各界的讨论。但是我发现一个问题，他们的讨论都非常有意思，就几个问题，第一个难道富人就应该特权医疗吗？第二个，如果万一路上有人被堵在路上，而不能够办自己的事情，或者也有救护车在路上堵住了，那么这个社会成本谁承担？所以我觉得挺可悲的。为什么？真正应该关注的问题是什么？不是这50万元，什么仇富心态，也不是这些应不应该所谓的特权医疗，这件事情跟这些有关系但绝对不是核心要点。就一件事情——他买了保险金融产品，而且是外国的保险公司的保险产品。如果你的心目当中只有银行是金融产品，你的存款、借款、贷款，甚至银行的这些土豪式的理财产品是你需要关注的，那就大错特错。中国未来的大金融发展在后面，很多人说地产商是土豪，比地产商更土豪是银行。这是一个意识问题，如果我们每个人都树立起来一个大的金融意识的时候，你会发现中国的地产是有未来的。那么对于企业来讲，对于中国的房地产企业来讲，有一个什么问题？所有的人都在说没有钱，市场不好，市场非常不好。我说十年前你就一直在说这个话，为什么还没有解决？现在楼市如此之不好，你还想用过去传统的方式弄到钱吗？几乎不可能。过去银行不借给你钱，今天更不会借给你。在2009年风生水起的这些地产基金们没有一支成为真正意义上成规模的地产PE基金，最后都变成了变相的债权。我们的房地产开发商土豪惯了，从来都不关注这些智力成本和智力价值。就像所有的人在指责我们养老项目，那么，你也去做养老项目给我看看，太阳城和亲和源我都去过，关键是软实力打造。

中国地产的核心软实力就是金融工具的运营，过去我们指望银行，那么我们以后指望什么？因为所有的房地产企业都忽视了一个问题，当你在喊着融资的时候，第一你的项目是不是合格，第二你的资金成本能否承受等一系列的问题都困扰着你，而且现在市场不好，你房子卖不出去，更不会有钱给你投资。怎么办？连前两天万科的王石先生都在讲，我怕下一个倒下的是万科。请问你有什么理由没有危机感？所以现在对于中国的房地产企业来讲，最大的危机不是说我们融不到钱的问题，是你能不能活下去的问题。什么叫活下去？你的企业资产、你的所有的东西都不能够保值、增值，怎么活？那请问怎么保值增值？我们知道大部分赚到钱的，特别是赚到快钱的开发商都是可受益的，把房子卖出去了，再去继续拿地，然后再开发。他已经习惯了这样的一种发展，在他整个的经营团队里面，无论是战略投资还是资本运营，包括财务、管控都是不到位的，因为那个时候的地太好拿了，那个时候的钱太好挣了，就这么个原因。

但是又有多少人在为自己的企业未雨绸缪，运用这种金融的衍生品的杠杆来为自己的企业做财务规划，所有的保值从财务、从咱们大的理念来讲就一个套期保值、错期保值，需要有一个相对完善的期货市场做支撑。但是我们的期货市场恰恰又没有类似的直接的产品让你去用，这是空白。我们有现货，这些期货的市场，什么大豆、建材，一些关联性企业。但是房地产作为这个城市、作为对于我们这个城市居民来讲，是一个很重要的财富标志，它的金融属性到现在没有被显现出来，是因为它没有一个虚拟价值的衡量标准和工具。为什么中国的房价会涨？很多人分析了很多的原因，甚至连丈母娘都搬出来了，但是还是不行。简单的道理可以理解，因为买的人多，所以价格就会慢慢上涨，那为什么买的人多？我觉得我要是有别的办法，我也不去买房。一是中国的国民没有比房子更好的投资渠道和财富保值、增值的渠道。投资股票，开着奔驰进去，开着奥拓出来。期货老百姓又觉得门槛很高，适合于机构、适合于很多的企业做这种保值、增值的产品。我曾经看过一本关于期货投资的书，这本书我就记住了一句话：如果你爱他，就让他去炒期货；如果你恨他，就让他去炒期货。但是那时候我真爱上期货了，为什么？因为我发现过去人家跟我说期货风险很大、特别刺激，能让你去跳楼。我说是吗？后来我发现期货真正的意义不在于投机，在于风险的控制，既可以买多，也可以买空，多好的一个方式。我就想起中国的房价了，房价为什么高？有人说货币超发。没错，绝对超发。有人说土地垄断，我说这有点牵强，全世界土地都是垄断的。当然有一点土地的问题不能忽视，就是70年使用权的问题。中国的土地一卖就卖70年，政府收走70年的增值的空间和收益，开发商继续通过他的房产销售来体现增值的收益，唯一没有想到土地增值回报的是这个城市的人民，而创造这个城市配套环境的就是城市的人民。一边是土地出让金连年攀高。土地出让金是一个城市专用于城市建设以及基本配套设施发展的一种基金式的管理费用。这笔费用要专款专用。而我们的收益就是不断高起的房价。大家一窝蜂都去买房子，没钱的借钱。过去是20%能撬80%的杠杆，现在80%撬20%的杠杆，还不让你买。

　　中国的房地产行业已经走到了一个十字路口的拐点区域，我们知道房地产和金融市场非常重要的共同特点就是预期经济，所有的人都是买涨不买跌，跟买股票一样，最后总有人跑到最高值的时候去当解放军。那这个时候就有问题出现了，刚才我们说买的人多，所以它的价格就高。如果说房地产作为一种财富资产的标志，你想通过它来挣钱，难道只有买房子是一条路吗？很显然从国际经验上来讲，绝对不是。因为我们的房子，你如果想投资只能干一件事情，买实体住宅、买实体商铺，买实体物业。现在好不容易推出了期权，这是个进步。但是下一步中国不排除会出现房价期货。所以从这个意义上来讲，我们的"中国衍生品50人论坛"正逢其时。今天来参与这次论坛和沙龙的人都是见证历史的时刻，我知道一直我们在做利率的改革，未来为什么不能推出利率期货呢？因为我们知道，如果当你的房子卖不出去，你的企业在整个的生产过程当中遇到问题的时候，你只有通过对自己的财务，对我们的资产进行保值，才能够活下来。一头市场不好，销售不出去，没有现金流的回流，另外一方面就靠着财源，压低所有一切偷工减料的成本，那么你所有做的事情不利于企业的发展，但是我们的期货市场现在远远不能够满足我们企业的需求，这就是现实。如果说谁最有希望，中国的房企未来谁把金融杠杆的工具用得最好，把中国的金融衍生品用到极致，谁就有希望生存下去。因为有一点是值得肯定的，对于一个房地产项目来讲，他的资产价值，我们可以看得见、摸得到，比如说它的总投资成本，包括税金以及开发商固化下来的这些利润都是可估性的价值。但是有一项虚拟价值，也就是我们金融市场未来进一步体现的，我们并没有深刻地去挖掘。第一就是刚才我们第一点提到的，就是这个城市土地增值的这部分收益；第二个就是未来整个行业依旧不改的开发商对利润进行追求，这是一个不可限量的价值评估。当我们面对无限价值的时候，我们用什么来衡量这部分虚拟价值？中国目前没有这部分工具。

　　什么是改革？改革就是让NO变成YES，让没有变成有。中国的经济结构改革，我们说到了攻坚的结构，但是请问如果说我给你们鞠100个躬，现在让你做实业、做零售，你去吗？一定不去。有能力做金融的人绝不做房地产。银行的钱能够赚到不好意思，我们的改革不是喊出来的，我们经济结构的变化也绝不是说出来的，它需要做，从哪一点做？我们要求所有的金融机构都给中小企业贷款，给它们去融资。它倒是想借钱，有去无还怎么办？谁承担这部分责任？只有完善了我们整个金融体系，让中国的金融业不再只有银行一家独大，充分发挥金融的衍生杠杆作用。我觉得中心集团的楼能不能再大一点？直接搞个交易。中国有A股，好不容易有个创业板，有三板未来，有沪市、有深市，就是没有京市，最后说北京的金融街是金融中心，这不对。但是有一天，我们也许没有京市，中国期货的交易放在今天我们所在的这个地方，我觉得这个时候是值得我们去审视和去关注的。所以说，我们有必要来讨论一下期货市场的发展与房地产投资市场的关系。简要的讲，对于中国的房地产投资市场来讲，发展房价指数、期数最大的好处就是能够对中国的房地产价格做一个市场化的展示的渠道，就是它能够低出真正的市场价格到底多少。我们现在靠得是70个城市的统计数据，可中国有多少个城市没有被统计进来。建立买空、卖空、买托、卖托的金融衍生产品跟房地产相关的工序、产品、机制，让所有想分享固定资产，特别是房地产包括住宅还有商业的一系列这些重要的财富资产持有者，不仅仅通过实体购房来实现他们的保值、增值。我们说未来的大金融一定不是一个由固定的几个金融机构来完成的，而是整个社会的财富管理和价值的形成。

我们看到特别是这一年半来，中国互联网金融的发展极快。中国的互联网金融只是未来大金融格局的冰山一角，老百姓手里面的钱毕竟是少数，未来集团化作战、机构化作战，以中期集团为代表的这样的企业，他们一旦出手，一旦政策放开后果将不堪设想，市场规模是巨大的。到那个时候，中国才能真正成为一个金融强国，而不是只会发货币的这样一个国际形象。美国发货币发的科学，发的极具有精准性。我们的货币发行量是美国的3倍，钱都跑哪去了？这个值得我们去思考。这是对楼市来讲，最大的意义是对于价格的调控。

第一个就是对于房地产企业的风险管理。很显然，如果我们有了利率期货产品的话，就多了一个抗风险、抗外部市场的工具，大大地锁定了成本和预期的利润。因为我们知道一个房地产项目可能会涉及上百个产业链的企业，而对这上百个产业链的企业来讲，它们每一个如果都运用好，比如说大宗产品的期货，这样资本运营过程中，它们的风险是可控的，它们的价格也相对来讲会比较合理，有助于房地产企业控制成本。这种金融衍生品的运用对于企业来讲，更适合那些已经形成了产业化、标准化生产、集团化的房地产企业。所以不管你用什么样的金融杠杆，有一点肯定的，能活下来的一定是管控能力极强，注重资本优势、注重资本价格，就是我们治理价格的这些企业。大企业、大品牌，它们的管控是极其严格的。当然我不主张所有人都进入房地产行业。在现在的情况之下，你做商业再也做不过万达，做养老地产再也做不过太阳城。于是有一大堆的人说我要做文化地产、艺术品地产、博物馆地产，所以说不要更多的盯着地产，要盯住地产的金融属性。现在有几个企业敢拍胸脯说我在北京拿块地，除了央企和个别国企，但是房地产未来指数期货包括证券化的产品存在了，我们可以分享这部分财富的收益，就像一个企业的目的不是为了盖房子、卖房子，它的目的是为了获得资本回报，我给股民挣了多少钱。这也就是为什么中国的房地产开发商现在更多的不是在做项目，而是挖并购、重组、挖品牌。所以这是对于企业的意义。

那么对于楼市地产的相关行业更不用说，抗风险能力会大大的增强，这是一个良性的循环。最后我想做一个小结，首先就是中国的房地产究竟需要什么样的金融。未来中国房地产的趋势，首先不能忽视金融属性的回归和作用，而现在不是说在技术上能与不能的问题，而是在我们整个的金融管制环境之下，让不让你做的问题。所以说中国的金融压抑必须要释放，这是势不可当的。

第二个就是我们每个人在看待房地产这件事情上的时候，不要光盯住房价、不要光盯着我们买几套房，这些都跟你手里面的银子有关系。房价涨到天上了，一定是因为有人买。就像很多毕业生去一个公司，他可能一个月拿两千块钱、三千块钱、五千块钱，以他全家之力在北京买一套房。面对这样的市场，我们把房价调下来了，房价不是调下来了，房价只是自己回落。谁能让房价回落理性？不是限购、不是限价，而是市场。市场是什么？市场就是对价值的认同，对价值资产的表现。

第三个就是我希望我们这样的论坛再多举办一些，这是第一次、第一届，但是我觉得已经搞得非常的不错，我觉得来的人都是非常注重学习的人。我也一直在学习。这次论坛它具有历史意义，是为中国未来的大金融格局布局出了一份力，希望也是祝愿"中国衍生品50人论坛"越办越好，祝愿各位手里的财产通过我们不断地对形势的分析、对金融工具的运用，能够放之最大，让您的家庭变得更加的幸福。谢谢！

央行松绑房贷难促楼市火爆

2014年6月6日，央行发声支持各地银行重启首套房贷优惠。一石激起千层浪，银监会紧跟其后表态大力支持首套房贷。与此同时，房贷市场也对此做出了分化式的反馈，一方面是工、农、中、建四大国有银行积极筹备实施，重启首套房贷优惠；而另一方面是大部分商业银行出于对楼市以及资金存款有限等顾虑，并未表现出积极响应。

房贷曾经是各个银行放贷的香饽饽，为何此次并未如政策号召所愿？回答这个问题，笔者认为还是要从对本次央行喊话放贷的背景和更深层的原因来进行一些解析。

本次首套房贷松绑的信号直接来自于房地产市场表现的刺激。房价下行过快，超出预期，经济发展需要政策激活。进入2014年，包括北、上、广等一线城市在内的各地楼市纷纷出现了超出基本预期的房价下行、量价齐跌的楼市行情。作为占到拉动国民经济增长比例22%的房地产行业来讲，房价下行速度过快，短期对经济的影响将十分明显。

进入2014年，中央对楼市的调控出现新的调整，更加优化细致。此次喊话首套房贷是新的调控信号，央行出手调控救市是直接动因。自2008年金融危机以来，中国房地产市场伴随着楼市调控的节奏经历着起起伏伏，从恐慌性波动到恐慌性调控。地方各级政府与市场共同驾驭着中国楼市，但中央的调控决心与地方经济的压力形成了对"一刀切"式调控的区域市场抗力。而此次中央分类调控思路与地方政府的愿望达成了中国楼市调控历史上不多见的一致性——救市调控带有间接限制房价下降的作用。

拉动地方经济是首套房贷优惠重启的深层意义。地方政府财政承受能力有限，财政危机加上楼市量价下滑，地方经济压力陡增。此时央行发出支持首套房贷政策信号，无疑是激活地方经济的利好消息。同时，在各地政府的"三公"支出得到有效控制的前提下，公共支出的合理化和有效性大大增强。在政府成本得到优化的背景下，地方政府也希望借助中央分类调控和长效机制的建立契机来重振地方楼市。

支持首套房贷的政策信号也不能过度解读为楼市将迅速步入新的春天，但目前来看至少是倒春寒时期。对于有刚性需求的购房者来讲，首套房贷优惠重启将在短期带来购房契机。购房者在分享首套房贷优惠重启契机的同时，更应注重自身购房资金筹备的科学性。首套房贷是否优惠，说到底会对个人购房资金筹措产生直接影响。

对购买首套自住房的群体来讲，如无法全额支付，就要认真计算成本，判断到底是使用公积金贷款还是商业贷款，毕竟，还款压力直接关系到未来几十年的生活质量。购房融资过程实际上就是个人控制资金投入成本的过程。为筹措购房首付资金，可能需要花费更多的时间成本，而这期间房价可能有上涨风险。相反，商业贷款则可在第一时间购房，减少错失低价的风险。因此，借款人需要算"大账"，而不能单纯计算未来每月还款金额。总之，央行喊话首套房贷不是意外之举，目的明确，意义将在短期实现，地方经济、中国楼市都将受益。

2014年9月的最后一天，央行与银监会联合发布《关于进一步做好住房金融服务工作的通知》。新政亮点是放松首套房的认定标准，可谓是近年来楼市最大松绑政策出台。根据通知，央行重新界定了首套房的认定标准，明确对拥有一套住房并还清购房贷款的家庭，再次申请房贷执行首套房贷款政策，且贷款利率最低可享7折优惠。

央行在节前正式释放"松贷"信号，这令黄金周期间的楼市表现备受关注。不过，数据显示，"金九银十"外加国庆七天长假，各地楼市成交量总体波澜不惊，购房者大多仍持币观望。

即使是楼市新政出台，从供需双方的市场结构来讲，不会产生根本性变化。楼市的火爆短期内不会再出现。买房往往是买涨不买跌，正是这种心理导致了楼市经济预期的整体下滑，这种态势很难挽救。不过对于一线城市来讲，央行的信贷松绑恐怕是最大的利好消息。此次政策主要是针对改善型需求，这满足了我们一直执行的关于"去库存"的思路。以上半年楼市的下滑走势来看，对于有一两个项目的小型开发商来讲，央行"松贷"依然无法快速拉动销售；那些大的跨区域性的开发商实际上是最大的受益方。特别是到年底这段时间，恐怕也是开发商最难熬的日子。楼市恢复得非常慢，到了年底又是各种成本预算结算的时候，很多开发商会出现现金流紧张，特别是中小型开发商面临着被洗牌甚至被淘汰的局面。与此同时，从本轮的调控和未来的楼市调控趋势看，楼市的火已经被灭掉了一部分，如今政府明确了救市的信号，因此楼市不会比上半年跌得更狠，也就是说楼市在企稳。

楼市企稳是否会影响股市？中国三市——楼市、股市、车市是经济的晴雨表。我们把握楼市和股市，不是此消彼涨的关系。国内有140多个房地产相关企业，楼市如果好，这些企业都是受益者。除了开发性的企业，还有钢筋水泥都是整个在房地产开发市场当中一个产业链。好在这一轮股市不是因为楼市而兴起，是新兴产业，新能源、新资料，以及军工做了回升的支持。楼市对股市的影响在逐渐减弱。但是同时我们看到楼市回暖并不意味着大家把炒股的钱集中到楼市，毕竟投资股市的散户和投资楼市的散户不是一批人。投资股市少的两三万都可以，房子起步价比股市要高得多。

很多人在问，现在是否是抄底的最佳时机？其实所谓的底，严格意义上讲是不存在的。所谓的底是你的心理接受能力以及对住宅居住的要求和需求。但是，对于首套房购房者来讲，结合历史数据看，现在无疑是一个买房时机。2014年，注定是中国楼市不平凡的一年。

不动产登记是房产税前奏

2015年3月1日9时42分，徐州市行政服务中心见证了历史性的一刻。这一天，《不动产登记暂行条例》正式实施。

也就是说，自即日起，徘徊多年的不动产统一登记终于进入实际操作阶段。今后，包括集体土地、房屋建筑所有权等在内的十类不动产将进行统一登记。

房子是老百姓手里不动产的大件。不动产统一登记无疑是对国民经济发展的长期利好，不过对于那些手中拥有多套住房的人以及准备买房的购房老百姓，他们更关心的是不动产登记会在多大程度上影响房价；开发商们也在琢磨，不动产登记对楼市和行业发展究竟是利好还是利空？其实，影响中国楼市走向的核心因素除了市场供求关系外，更多的还是货币政策和土地政策等制度层面的变化调整；房产税的推出试行也是通过调整税收结构来实现对楼市的传导作用。所以不动产统一登记"新政"带来的新规则新政策对房地产业具有长远的发展制度层面影响，而非在乎短期房价波动。

不动产统一登记助力"去库存"。将手里的房屋纳入到统一登记平台，不是简单的信息汇总，而是对楼市存量的大摸底。政府在经过单纯依靠行政干预的调控时期之后，总结经验教训，正在回归市场调控的主线，政府的重点转为辅助建立市场新秩序，集中消化存量房，为提振区域经济腾出新的投资建设空间。去库存将是一场持久战，面对截至2014年全国待售面积6.21亿平方米的库存量，光有去库存的决心是不够的，要将不动产统一登记制度这样的大数据平台做为市场供求关系的分析支撑，有的放矢地制定去库存的"作战方案"。

不动产登记是房产税前奏，将实质性推进房产税的全面开征进程。由于在过去关于住宅的信息并没有社会化统一整合登记，分散在各个部门的信息登记基本上是分割使用的，现在通过不动产的统一登记制度，能够更加精准、全面、及时地把房产的信息汇总到统一的大数据管理平台。这让房产税的推出就更加有精准性和科学性，具备公平性前提。房产税的征收原本是为了调节社会资产财富分配，对房价的影响并非直接。但正是因为缺乏对不动产确权数据的统一登记，使得过去在上海和重庆等地的房产税出现了漏征和执法成本过高等问题，并没有达到预期目的。如果房产税的开征缺乏足够的覆盖规模和执法的严谨性，那将产生偷税漏税等道德逆向选择，不利于中国财产税改革的推行，对房价的理性引导也缺乏实际意义。只有建立在不动产统一登记制度下的房产税才更能实现引导房价回归理性的市场预期，而不再是依靠"是否马上开征"的争议来影响短期房价的涨跌。

不动产统一登记制度将有力保护不动产交易及持有环节的合法权益。至于担心在统一登记后是否会泄露个人的合法财产的隐私权，这在《不动产统一登记暂行条例》中已经得以明确，只有不动产的相关权利人及其他法定关联人可依法查询。将在2017年实现登记信息共享，依法公开查询。不动产统一登记制度将对房屋买卖的过程实施全方位权益监督保护，每一套房产在交易过程当中，经过了严格的手续，每一套权属是非常明晰的，包括它的交易时点等这些信息。严格的不动产统一登记执法将极大提高确权法律文件造假的成本，让一房多卖的现象绝迹。另外，一旦不动产的关联权益受到侵害，会有更详尽的追偿依据，便于司法取证调查。

总之，如果说不动产统一登记制度对房地产业会产生什么影响，那就是不动产登记新政让中国楼市投资不再那么"任性"。不动产登记制度不是为了打压楼市，相反它长期利好楼市，它让房价更透明，让供求关系不再是一本糊涂账，也有利于房价的稳定。短期房价波动只是不动产登记的假想敌，不动产登记新政对房地产业发展将起到长期稳定作用。见房子就买的疯狂投资、占有不动产的时代将一去不复返。

别让公积金沦为地方政府小金库

自20多年前中国借鉴新加坡经验建立住房公积金制度以来，公积金制度在中国住房市场化改革进程中起到了一定的历史阶段性作用，但是与其建立之初期望达到的目标显然有一定差距，特别是近年来，随着住房价格的快速上涨，各地方公积金系统管理体系"各自为战"背后的地方利益驱使以及公积金普遍提取困难等问题的出现，使得住房公积金制度备受诟病。近期，即使是推行住房公积金制度的榜样国家新加坡也在经历着类似的质疑，这些问题究竟是住房公积金制度本身的历史局限造成的，还是我们借鉴使用不得当造成的？我们的住房公积金都去哪儿了？

第一，住房公积金管理系统"各自为战"助长了地方政府挪用的冲动。一项社会政策要实现对社会持续的作用力，就必须通过制度化建设来完成。制度化建设首先要有统一的协调机制作为政策推行指引，显然中国目前住房公积金制度还只是停留在一个单一的公共政策产品的阶段，各地方在理解和落实这项政策的过程中依据的自身对其的解读和相关利益驱动，增设各种管理中心及配套系统。然而，按《住房公积金管理条例》的要求，应该只有直辖市、省会城市、计划单列市和地级市可以设立住房公积金管理中心。那么按这个标准，可以设立管理机构的城市全国应该不到350个，而目前能统计到的就有600余个，这显然违规。

但是，公积金管理中心作为一个非盈利性社会公共管理部门，为什么各地方政府对基础民生工程投入冷淡却对投入增设公积金管理中心这些"公共服务"而乐此不疲呢？作为各地公积金的唯一管理主体，地方政府的这种行为很难用简单的出于对公共利益负责的动力来解释，毕竟公积金作为一笔数额巨大的公共基金，地方政府很难抑制其对公共资金支配的冲动，都希望住房公积金成为地方财政的候补梯队，这无疑使得公积金挪用和浪费现象屡见不鲜。而当公积金的缴纳人在需要提取资金用于住房、养老等生活必需等领域时，却不得不面临各种既不合情也不合理的提取门槛。这些显然都违背了住房公积金作为一支公共基金的基本属性和原则：住房公积金是由社会上部分群体缴纳，共同设立并用于住房或社会基本民生服务的公共基金，具有非公共财政属性。住房公积金的缴纳、管理与提取规则的制定需要经过出资人与受托管理者共同商议进而达成相应契约来完成。

第二，撤销行政级别，不设主管单位，回归出资人独立决策机制，是住房公积金管理中心及公积金系统改革的核心出路。目前很多地方住房公积金管理中心上有主管单位和地方政府，内部有各种行政权力平衡关系，使得独立决策机制基本失灵，不得不被各种财政增值指标牵着鼻子走。而真正用在社会公积金缴纳群体身上的资金少之又少，同时滋生助长很多诸如违规提取公积金的产业链，让真正需要公积金的社会群体得不到必要和及时的帮助，以至于很多人出于对住房公积金的不信任而选择停缴，最终形成一种道德逆向选择。

第三，住房公积金联网管理不是梦。从技术上讲，全国住房公积金总额远低于全国银行金融资产总额，全国银行系统都能做到统一联网管理，住房公积金又有什么理由说做不到呢？如果有，那就一个理由：不想联网。住房公积金联网管理推动的不仅仅是信息的互通有无，而重要的是资金会随着缴纳人的迁移而迁移，显然这是目前各地方政府所不愿看到的。归根结底，全国各地方住房公积金管理系统各自为战的背后是地方财政利益的纠缠。

曾经有人质疑住房公积金制度已经成为杀富济贫的代名词，认为公积金将成为富人的唐僧肉。但是目前形势看，比成为富人唐僧肉更可怕的是成为地方财政的唐僧肉，至少富人还是缴纳群体之一。如果不能回归住房公积金制度的本质属性，不能从行政权力改革层面入手，任何纠偏式的制度技术工具完善都是徒劳的，相反，建立的硬件系统越多，社会为之承担的成本就会越大。到头来还是一声叹息：住房公积金，真的是想说爱你不容易。

小产权房到底能不能买？

2012年3月26日，国土部在其官网上公布了关于小产权房的处理新思路：先清理后治理。但对于具体的治理方案，国土部尚未拿出详细的办法。2012年4月25日，国土部公布5起国土资源领域违法违规案件的查处结果，其中包括2011年8月，北京市国土资源局延庆分局没收在违法占用的土地上建设的51栋楼房。

若论2013年最令政府棘手的房地产问题，显然已经不再是单纯的房价问题，小产权房"市场"的如火如荼更是触动了多方社会利益。早在十年前，就有相关小产权房的治理建议，但直到今天，治理小产权房依旧是政府棘手、百姓纠结的局面。似乎不但没有治理成效，小产权房反而愈演愈烈。究竟是什么力量使得原本清晰的土地房产问题变得如此难以妥善解决？小产权房治理困局的形成真的会倒逼我们的新土改和新房改吗？种种矛盾和悬念共同够成了小产权房治理困局之殇。

小产权房的前世今生

小产权房，顾名思义，与之相对的是大产权房，但这两个概念都是民间俗称，实际上是指占用集体土地搞建设，并向集体经济组织之外的成员销售的住房。按照现行土地管理法和房屋产权规定（准确地讲是土地使用权和房屋使用权），小产权房实际上是"无产权房"。那么，对于消费者，为什么放着有产权的不要，非要买无产权的房屋呢？为什么小产权房越治理越多呢？原因就在于小产权产生的特殊背景，即商品房房价高涨，住房保障尚处起步，限制性购房等行政调控趋紧。对于想买商品房又买不起商品房的群体以及需要买房又被限购的群体来说，小产权房自然成了无奈的"明智"之举。

对于小产权房这个游离在现实、政策与法律三者空隙中的"尴尬产物"，尽管政府明令禁止，且其权属不完备、面临诸多政策和交易风险，但小产权房以其价格较低、手续较简、准入无限制等优势，仍然迎合了不少人的需求。小产权房的出现并非单方面因素造成，这里面掺杂着来自市场、社会、政府等多方面的利益诱因。一是久调不下的高房价滋生了小产权房的孕育土壤。城市住房价格上涨过快早已是不争的事实，相对来说，小产权房价格上的优势掩盖了其产生的风险，对于想去大城市，而又无力购房的人来说这无疑是非常好的过渡。现实市场中的高房价与居住需求之间的矛盾为小产权房"创造"了巨大的市场。与普通商品房相比，价格较低是小产权房最大的优势，也是小产权房屡变花样、禁而不止的直接原因。而小产权房则是农民集体所有的建设用地和宅基地上建设的房产，不需要缴纳类似开发商为获取土地交给政府的土地使用权出让金（其中包括由政府出面征收农民集体土地支付的征地费用）；另外工程设计建设的投入、配套开发建设费用（如学校）、应缴纳的税款、营销费用等房地产商的成本费用也都大大节省。因而其开发成本，相比真正的商品房成本能低过三分之一。这也是小产权房市场价格低廉的决定性因素。而在这一开发过程中，农民集体通过出售小产权房获得的收益远远高于政府征收土地的补偿金额。假如政府今后不出什么政策，即政策风险低于市场价格波动，风险购房者就能以这么低的购房成本享受几十年的住房，从这一点上来说是比较合算的。从而在购买小产权房时，其中的价格低廉也掩盖了其要承担的风险。小产权房的低价格在于其省去了购地成本、各种税费等；二是地方政府的管理不到位促成其快速发展。作为一种市场行为，小产权房在房地产市场中能够存在这么长时间，能够从局部地区、个别城市扩展到全国，政府相关管理部门难辞其咎，乡镇政府实际上是这种行为的制造者和实际推动者。按照国家土地管理法的规定，任何个人和单位都不得在没有经农村土地征用转化为国家土地所有权之后进行土地出让。作为乡镇政府，在全国各地大搞开发区的热潮中，进行土地违法买卖行为显然是利益所致；三是市场需求提供了其发展的空间，小产权房市场份额的扩大实际上体现了市场对资源配置的自我调适功能。当城市公共住宅无法满足民众需要时，市场注意力自然会流向既无费也无税的集体土地，乡镇基层单位为了创收以补贴财政，也需要城市购买力来填补农村的"消费空当"，农民也需要增加收益。城、乡都是基于各自公共产品提供不足而向外求解，这当然就造成了小产权房的市场空间。如果房地产市场供需矛盾和价格压力一直这么持续下去，那么小产权房市场也就一定会存在，因为它能在一定程度上起到替代或补充的作用。

自2012年6月至2013年3月，北京共清理认定83个小产权房项目，涉及土地面积5000亩，其中耕地133亩。已公布的83个小产权房项目中，涉及昌平、房山、怀柔、通州、延庆、大兴、门头沟、密云8个区县。其中，7个已全部拆除，8名违法当事人已移送公安机关，31名责任人已移送监察机关处理。2013年11月份，国土资源部、住房城乡建设部联合召开坚决遏制违法建设、销售小产权房问题视频会议，部署小产权房整治工作，要求"对在建、在售的坚决叫停，并依法查处"；同时，还联合下发《关于坚决遏制违法建设、销售小产权房的紧急通知》。这是官方罕见的在一个月内连续两次发出叫停小产权房的紧急通知，意在明确强调小产权房不存在"转正"的可能性。这种紧张形势的特殊背景在于对十八届三中全会后出现了关于农村土地流转方面制度改革决定意见的过分解读。这种解读又快速被小产权房市场转变为小产权房产权的利好信号所弱化。这使得小产权房似乎具备了新的投资价值，购买人群也从过去以自住为主，开始转为投资比例上升，最终造成了小产权房市场的年末疯狂。

治理小产权房绝非"没收"一条路

小产权房所涉及问题具有很强的交错性，是现行产权制度与实际需求相悖的集中体现。所以，治理小产权房绝对不能"一刀切"地采取"没收"的方式，否则只会激发更多新矛盾新问题。与商品房市场调控思路类似，小产权房也需要采取"疏堵结合"的治理方式，行政处罚与市场引导相结合，讲究治理方法的艺术性和科学性。

小产权房已是一种客观存在，回避或者简单没收不是长久之计。遵循一事一议，给小产权房"准生证"，能够增加土地供应渠道，降低房地产成本，使得更多的城乡居民买得起房。小产权房的清理首先要看用地是否踩"红线"、规划和施工有没有报批、是否符合国家对建筑质量的要求。如果小产权房是建设在农村集体建设用地或宅基地上的，可以通过补办规划许可等各种手续、补交土地出让金等合理的方式让其"有代价地转正合法化"。此外，如果容积率、户型、房屋面积等符合保障房标准，政府可采取收购的方式转为保障房，同时可以让农民充分享受到土地商品化带来的收益，有利于打破城乡界限，促进城乡统筹发展。

要对小产权房的"非法"存在进行追根溯源，破解中央治理的两难境地。小产权房之所以呈现出"燎原之势"，归根结底是它能满足市场需求，特别是对商品房市场的高房价的"回应"。面对如此之大的市场需求，再多的行政干预终将会苍白无力，短暂的打压只能给未来解压后的市场带来更大的反弹。同时，小产权房在某种程度上将倒逼土地制度进行改革。所以，关键是要对当前住房市场的运行规则进行综合考虑，完善制度设计。小产权房的"非法生存"有其合理性，带来的问题涉及面广、治理难度大，所以单一的清理式治理需要向结合宏观市场调控的综合治理方式转变。

关于小产权房能否"转正"的争论由来已久。"有条件的部分转正"的确是治理的一种办法，但毕竟与现行法律相悖，特别是会对现有土地流转规则和房地产开发规则产生直接冲击。但是，从法理的角度，小产权房的转正并非绝对禁止，法理源自人理，很多现行法律与法理之间是存在差距的，减少法律与法理之间的冲突矛盾，是法律发展进步的标志。另外，反思小产权房治理的尴尬局面，更不能回避其背后的土地问题。农村的集体建设用地与城市的国有建设用地相比，没有具有同样的权利，也没有按照同样的市场原则定价。城市居民的宅基地，虽然是国有，但是其使用权可以出租、抵押、继承和转让，而农村居民的宅基地使用权法律上允许被出租、抵押，但不能被继承转让。城市居民的住宅可以卖给出价高的符合购买条件的任何人，而农村居民的住宅不能卖给出价更高的城市居民，这种现实违反了同地、同权、同价的市场，又限制了居民迁徙定居的自由。逐步实行国有建设用地和集体建设用地"统一市场"，达到"同地、同权、同价"。在这个基础上进行城乡土地市场体系建设，建设的关键在于赋予城乡集体建设用地相同的权益，也就是说"同权"是根本。到那个时候，同为建设用地，就已经不存在土地转用问题，土地上的建筑也就具有了平等的产权，实现真正意义上的"同地、同权、同价"。

　　总之，小产权房问题不能久拖不决。目前小产权房问题的治理困境不是对其合法性的纠结，而是基于对执法成本巨大、引发社会矛盾隐患、伤及地方乡镇既得利益等方面的恐惧。毫无疑问这种困境的延续只会带来更大的政策沉淀成本，让后续的治理更加艰难。小产权房治理问题的破冰取决于对政府、开发商、购房者等多方利益博弈的清醒认知，也需要建立法律权威、市场格局、社会稳定等全方位的治理思考维度。

第三篇

财富增长的投资新常态

中国大妈不仅是广场舞高手

　　2013年，中国大妈特别"火"，她们不仅广场舞跳得带劲，在投资市场上也是漂洋过海，战无不胜。把北京的"菜百"；南京太平南路宝庆银楼；广州的周大福、老凤祥、六福、金大福等专柜围得水泄不通，像买白菜一样，不讲价，一来就开单、付钱，好像怕慢一步就被别人抢了。视黄金为"白菜"正是可爱的中国大妈们。在香港，大妈们疯抢黄金的阵势甚是爽气，"几两的金元宝拿五个，半斤的金牌要八个，每克360，通吃！"

　　有人总结大妈们的投资招法：一是不讲理；二是不信做空底价；三是资金神秘充沛不见底。更有媒体分析称，不少掌管家庭财政大权的大妈们，成为了这波实物需求提振金价的主角。美国人感叹：中国大妈才算国际金融新贵，做空华尔街，金价大跌，中国大妈千亿横扫300吨黄金。中国大妈正在成为很多专业投资机构乃至华尔街精英们的"噩梦"，就像专业棋手有的时候更怕遇上入门的新手，因为后者没有"章法"可言。可话又说回来了，投资归根结底也是一个买和卖的过程，中国大妈买金条的想法很简单，即便宜和保值。华尔街大佬们显然低估了大妈们，百姓只在乎值与不值，哪管你期货不期货。

　　抢黄金总比抢大蒜强，买涨不买跌的消费投资预期充斥在生活的每个角落。一涨价就疯抢是人类的本性，好在黄金具有"天然货币"的属性还暂存于世，买了黄金就像买了房子，有安全感，谁让房子限购呢？不管怎么说，中国大妈们的财富意识比以前更强了，但是黄金不可能天天买，瞬间低价位引发的爆炒也促成了相当一批大妈们赔得很惨。楼市和股市的低迷、理财产品的乱象，都让散户无所是从，究竟谁才是最可依靠的投资法宝呢？手里的存款就那么多，哪些投资渠道适合自己？

当老百姓不敢消费又没有投资渠道的时候，也就到了我们的金融投资市场不能不改革的时候。大妈炒黄金背后隐藏的正是中国经济痛苦转型过程中百姓财富哪里去的巨大隐患。没有社会财富共同参与的国民经济发展是残缺不健康的，正所谓高手在民间，真正决定中国经济活力的不是大拆大建式的GDP增长，而是能否藏富于民。

新兴产业投融资，条条大路通罗马

经济的高速发展伴随着环境污染的加剧，北京、天津、上海、河北、山西、山东、安徽……多个省市空气告急，雾霾已经成了2014年出现频率最高的词。环境的污染使得作为新兴产业之一的环保产业成为国家重点关注和拨款的领域，它必将迎来一个新的趋势。与此同时，像新能源、新型信息产业以及高新制造业还有生物制药等新兴产业也已经进入了一个新的格局。新兴产业的投融资是否与传统企业有所区别，笔者就此问题在2014年6月的无锡论坛做了专题演讲，以下是演讲实录：

大家好！很高兴来到无锡和大家进行交流。说到新兴产业的投融资趋势，我认为已经进入了一个新的格局。未来有七大战略产业，比如说像环保、新能源、新型信息产业以及我们高新制造业还有类似我们的生物制药，等等。其中环保产业就全国的现状来讲是排在第一位的，它将会迎来一个新的趋势。今天有一个非常重要的论坛内容，就是"百亿资本与项目的对接"。我们知道中国实际上已经成为了全球，至少在从货币折算量上来讲，最富有的国家。我们的广义货币已经达到116万亿元，是美国的1.5倍，而我们的家庭资产达到了196万亿元规模。但我们的资金却缺乏像类似无锡城市论坛这样一种平台去跟项目衔接。城市论坛有两大价值：对于一个项目来讲，是一个企业涨势的机会，更是企业把项目拿出来进行投融资的机会；但更重要的我想是对当地区域经济的增值。实际上每举办一个城市论坛都是为当地的经济产业招商引资做一个非常强大的支撑和服务。

言归正传，刚刚仅仅是强调了一个项目与资本的对接渠道与平台问题，但是对于我们关注的新兴产业，目前又面临哪些趋势呢？首先我们认知一下新兴产业以及资本这两个概念。新兴产业都会跟国际接轨，订立一些战略性的目标产业性的政策。为什么国家的政策一直在推动，但却一直没有达到世界领先水平呢？我们的新兴产业特别是环保产业占到中国GDP仅仅是1.2%这样的一个产值，美国或德国都占到了2.4%以上。按照国际惯例及经济学理论，如果环保产业能够占到2%以上的话，才能称之为一个成熟的、达到一定发展规模的产业。也就是说，每一位在座的企业家投资环保企业这类新兴的产业都还是有机会的。对于环保企业来讲，毫无疑问符合我们国家政策的基本倾向。在我们国家GDP的快速增长过程当中，我们是高能耗、高投入却是低产出、低效益产出的行为。但是还有更重要的，之所以我们的产业政策对中小企业或哪怕对于大中型的机构企业没有做到应有的支持，就是因为过去它是一个方向性的错误，从国外去引进方法去治理国内的问题。有很多的新兴产业、技术我们并没有能力去自主生产，我们必须扭转市场换技术。技术产生实际上是一种内生的行为，是我们企业通过学习、是这个产业通过不断地整合资源才产生的。新兴产业需要和资本来衔接，这是一个亘古不变的道理。新兴产业当中的这些企业不能不注重市场的打造和资本打造。技术对于资本来讲永远是第二位的，你的市场和你最终的财务报表的汇报值，对于资本市场才是最具吸引力的。我们一定要用资本的思维来思考新兴产业的发展，这是非常重要的。资本的思维是我们未来所有新兴产业发展的一个大格局。因为新兴产业往往还具备这样一个特点，就是战略性、前瞻性以及高薪高投入为主导的技术必要的成本趋向。这意味着，资本不可能在短期内获得短平快的销售性收入的回报。那么如何来匹配呢？这就是我们在项目和资金对接的时候必须要进行关注的一个话题，这是非常核心的！我想当企业在做投融资的时候一定要考虑到自身新兴产业对于资本的局限性，要考虑到自身发展的技术向市场转换的一个必备的环节。

除了传统的资本，新兴产业项目的投融资，这个"资"我想不光把它解释为一种资本，我希望更多的把它解释成一种资产。这个资产我想强调的就是土地，因为这是中国式新兴产业发展的一种规律。我们从目前的国民产业总值来讲，房地产行业依旧占据了我们整个国民经济的20%以上。那么换句话说，如果你不能在20%里面获得一席之地的话，你的企业至少是少了一双翅膀，少了一支胳膊。比如说在北京，房地产企业哪怕在郊区拿块地也是很难的，万科也是通过傍央企的方式来拿地。那么在一二线城市，我们现在的限购是否能够松动呢？无锡前两天也出现了这样的新闻：说有人想解除这样的限购或是隐性解除限购。虽然中央没有明确说明，但楼市在松动，如果一个企业想转行去吃房地产那点利润的话，我觉得至少现在是不合时宜的。相反，我觉得新兴产业正逢其时，完全可以通过环保企业把几个产业链（水、水务方面、大气，还有固定垃圾的处理）相对应起来。而你带给这座城市不是开发住宅后的空置率的压力，而是给这座城市提供就业，还有政府的公共采购。过去我们说单纯的市场化就是把一个设备卖给另一个市场。这个市场需求跟普通制造业没有区别。我们在进行一个投融资的项目的时候，不应该仅仅站在技术融资的层面，我们要用市场需求来向我们的投资方来融资。我们要告诉投资方新兴产业的前景不仅仅是这个技术将来有多少人使用，而是我的技术、我的商业模式、我企业的整个优良程度能够在未来带给你多少综合性的资本收益。把我们的眼界、把我们的格局打得再开一些，会更有利于我们新兴产业企业的投融资的模式。因为新兴产业劣势很多人并不认知，它的市场短期之内相对有限，还面临着前期的高投入，但我们不能把这些劣势和别人的长处去PK。比如很多的项目是短平快，那么投资方肯定会给他们投资，但前提是你并没有和投资方说出你的资本回报和商业模式。

在去年甚至在前年，可能只有北京有雾霾，后来我们发现上海也有雾霾了，现在我们发现全中国都有雾霾了！可能你只关注了某一个城市，但当你连锁复制的时候，你能获得的规模效益我相信是所有资本方都愿意投的。其实，融资的方式不下于20种，特别是对于新兴产业。因为很多的产业，像房地产开发、住宅开发我相信你是争取不到政策资金的，政策资金一般性的银行贷款都不给你贷。这时就体现出新兴产业的一个长处。政策资金的来源可能就是一个党政文件的一个导向，紧跟其后就会有配套的资金。很多人都不做这方面的研究，如果你只了解银行贷款、找好朋友去融资或找小额贷款公司去融资的话，我觉得这个渠道太窄了。占据了七大战略产业之首的环保产业是中央政策绝对支持的。资金不是不想找项目，而是你的项目不符合资金方的标准。所以当许多人融不到资金时，他会讲责任归咎到别人身上，"你不看好我们的项目""你没有眼光"，等等。当今世上，没有比投行、基金、金融精英们更会精打细算的，当然比他们更有眼光的是在座的从事环保行业的各位，因为环保行业能做一件伟大的事情，那就是在造福全人类的同时也成全自我社会价值。

时间的原因，在此我想归纳两点：第一，项目找不到资金，资金找不到项目，一定是缺乏渠道，缺乏对资本市场的学习。所以我希望，一个论坛它所能做到的是抛砖引玉，我们通过这样的一个论坛，希望大家能多学习一些金融的知识，多了解一些我们国家政策对金融导向的影响，而不仅是自己以偏概全地去理解一些事情，觉得别人就应该给你钱，你要向市场来要；第二，对于企业本身，如果这个资本方你不满意，那么，你始终要做一件事，自己的企业不仅仅是要提高技术，更重要的是提高市场竞争力。因为新兴产业有两大特征：第一是战略型技术未来的注入；第二是巨大的社会市场需求空间。如果生产的产品有足够的社会市场需求空间，对资本的吸引力一定是无穷的。

最后祝愿通过无锡论坛，让所有的企业家不仅能够抱团并且能够抱团往前走，去成长！因为根据去年的数据，江苏在中国整个信贷投融资格局里排行第一，活跃度也排在第一位！整个华中地区的环保产业占整个全国地区的60%，而无锡是整个环保产业领先的头三名，所以我们要抓住这样一个机会，我们要抓住这样大的一个规模效益，再进一步！有大格局、大思维最后才会有大的发展！好！就先分享到这里。谢谢各位！

中小企业股权融资真的没那么难

2013年前11月，IPO企业数量及规模自2011年以来连续三年持续下滑。机构退出方面，40家投资机构共实现49笔退出，合计获得账面退出回报208.84亿元，平均账面回报率为3.56倍，IPO退出平均账面回报率较往年明显下降。笔者就此接受了聊城房地产网的专访。

记者： 请问在这种情况下，不走上市之路，投资公司和私募股权融资之间如何对接？利益如何均衡和保证？

刘艳： 上市与否，本质上是资本退出机制的模式选择问题。并购退出和IPO退出是私募股权基金的主要退出方式。国内私募股权基金一直比较青睐IPO退出模式，但近期受A股新股发行制度改革以及美国中概股危机影响，国内外IPO环境持续恶化，并购退出成为私募股权基金退出的另一重要选择。IPO的停摆让风投机构的退出渠道受阻，国内风投机构开始转向布局并购市场，目前70%以上的退出金额都来自于并购市场。现金收购、股权转让、定向增发是风投在上市公司并购案中实现退出的三大主要路径。在这些过程中，投资企业、中介组织、投资者、代理人和顾问等各方在不同环节中发挥着各自的作用，缺一不可。投资方与融资方要各自认清对方的真实需求与风险。

记者： 解决中小企业的股权融资难题，您的宝贵建议是什么？有何值得借鉴的案例？

刘艳：在宏观经济环境不利与融资环境恶化的背景下，各种直接融资方式如雨后春笋般涌现，这是由银行等间接接融资渠道缩减造成的倒逼现象。近年来，尽管中小企业股权融资取得了很大的进展，但我国中小企业股权融资的现状仍不乐观。中小企业多数靠自我积累、自筹资金发展自己。在中小企业的主要资金来源中内源融资占50%至60%，公司债券和外部股权融资等直接融资不到1%，银行贷款在20%左右。目前大多数中小企业主要通过内部股份募集、红利转股本等传统的内部融资方式滚雪球式发展。由此可见，我国中小企业的外部股权融资没有得到满足，不得已用内源融资来弥补外部股权融资的不足。大力发展中小企业外部股权融资已成当务之急。

制约中小企业股权融资的瓶颈原因来自两方面：

一是企业自身问题。中小企业底子薄，抗风险能力较弱，融资成本也会相应提高，中小企业财务与综合管理不规范、信用水平低、信息披露意识差，甚至故意隐瞒、透明度低；中小企业公司治理结构不完善，经常有一家独大的现象。正是由于中小企业自身的问题，许多投资者宁愿把资金集中在一级和二级股票市场，甚至去买国债或存入银行，也不愿将资金投给中小企业。

二是制度原因与市场原因。中小企业的自身特点和融资特点与现行的银行为主导的融资体系严重不匹配。与此同时，我国股权投融资渠道不畅，最主要表现在上市融资门槛过高。我国企业上市审批程序复杂，条件苛刻，盈利要求以及过高的上市融资成本等将大多数中小企业拒之门外。比如中小企业板块的设立有明确的规定，与主板市场相比，中小企业板块暂不降低发行上市标准，而是在主板市场发行上市标准的框架下设立中小企业板块，以避免因发行上市标准变化带来的风险。这样一来，能达到主板上市标准的公司绝不是通常意味上那些无法从银行筹到资金的嗷嗷待哺的中小企业。所以，对于大部分中小企业来说，上市仍然是可望而不可及的。2009年推行的创业板甚至成为圈钱、破发、业绩变脸、提现机的代名词。我国资本市场缺乏筹资者与投资者直接沟通的自由市场机制；多层次的资本市场体系缺失；专门为中小企业服务的产权交易市场欠缺都导致了中小企业融资难。

上市仅为起点，绝非终点。私募股权投资基金投资民营企业，最终目标仍是出售企业股权，以收回前期投资和获取利润，进入下一个投资周期。白家在综合对比了A股、H股及海外市场的上市难易程度，融资成本、维护成本、市盈率倍数及国家扶持三农政策、创业板和中小板市场门槛，以及A股市场高速发展等因素后，计划首选在A股上市。上市固然有众多的好处，但是上市后企业的发展节奏与盈利快速增长的压力也随之而至。而且公司管理层必须耗费大量精力去应付股市的变化，对于自己产业发展的专注程度必然会受到影响，所以即便白家在A股上市成功了，也仅为另一个征程的起点。

2002年6月，携程与首旅集团共同出资成立经济型连锁酒店"如家"，注册资本1000万元且按双方股权比例出资。尽管双方达成合作，但按照当时的保守估计，其自有资金杯水车薪，因此开始设立如家时，就打算进行私募股权融资。经过一番波折，如家终于获得投资者的青睐，于2003年初开启了第一轮私募股权融资。2006年10月26日，如家成功登陆纳斯达克。IPO定价13.8美元，高出10至12美元计划价格区间的上限。上市当天，其开盘价为22美元，高出发行价13.8美元59.4%，当日股价一度飙至23.75美元，最低为21.5美元，最后当天收盘22.5美元，较发行价上涨63.04%，市盈率超过100，融资高达1.09亿美元。经过三轮私募股权融资，除了在一定程度上缓解了如家对资金的需求，基本解决资金问题外，战略投资者也为其注入新鲜血液，提供增值服务，从而为如家2006年成功登陆纳斯达克奠定了基础，更为其上市后在资本市场的后续发展埋下了伏笔。历时4年，如家从一家名不见经传的中小企业成长为中国最大的经济型连锁酒店，这其中资本的力量起到决定性推动作用。而其采用的私募股权融资方式也给中小企业深刻的启示，为解决中小企业外部融资问题提供了新的契机与途径。私募股权融资在帮助中小企业获得发展所需的资金，越过资本龙门的同时，还可给企业带来增值服务：优化企业收入与成本结构、股权结构，提高管理水平，提升企业形象、核心竞争力，增加企业的价值。因此，中小企业在充分认识到私募股权融资巨大作用的同时，应当"塑造"一个能够吸引投资者眼球的模式，像如家一样：长远的市场前景、良好的行业定位、优秀的管理团队、清晰的商业模式等，以此获得私募股权融资，实现与投资者的双赢。

记者：港股和美股复苏之后中国企业走出海外融资，而对于那些未能走出国门的中小企业资本该怎样运作，才能保证企业立于不败之地？

刘艳：随着国家对于中小企业的扶持力度加大，中小企业转型与升级将是大势所趋。企业的管理一旦跟不上，资本运作方式不到位，将很难在竞争中求生存求发展。企业为赢取市场竞争主动，需要做好资本运营、更新传统管理模式、优化产权结构以及系统配置。

中小企业资本运营阶段中存在一定的误区以及局限性，需要直面问题，突破误区。基于环境、体制以及外部条件存在波动性，进而令中小企业实施资本运营阶段中无法正确决策。一些企业由于自身能力不足，无法抓住良好的时机，进而错失先机。而进行资本运营的单位则往往将其看作是一类新模式，将原有模式全面剔除，导致两者关系不良中断，资本运营则被孤立出来。该类做法存在误差，资本运营模式应基于原有模式方能实现更大发展。中小企业专职专权的现象较为普遍，资本运营则变成掌权人获取利益的途径。另外，基于内部以及外部环境波动变化，中小企业容易形成盲目跟从的问题，过分看重扩充规模以及丰富经营渠道，甚至错误地认为，只要实施资本运营便可创建大型企业，赢得利润。表面上看这些可令企业风险逐步分散，实则，恰恰令其面临了更大的风险。再加上一些中小企业不具备良好的应对风险意识，不能依据自身发展状况优化战略决策。再者，相关保障机制的不完善、法律规范的欠缺，令企业存在违规风险问题。在现有的市场条件下，中小企业只有充分评估自己的发展阶段，拓宽企业资本运营渠道，才能促进企业的可持续发展。

记者：据了解，您曾经以顾问的角色辅导一些中小企业的资本运作实战，您能分享下心得经验吗？这些企业在初创期具体是如何解决融资问题的？

刘艳：印象比较深刻的是关于对赌协议的经验心得。与私募股权融资相伴而生的是投资方与融资方签署的对赌协议，这是成长型企业选择这一外部股权融资方式必须付出的代价。对赌协议，即"估值调整协议"，是投资方与融资方在达成投融资协议时，对未来不确定情况进行的一种约定，这是一种常见的解决未来不确定性和信息不对称问题的手段。鉴于其立足于"未来"，对赌协议实际上是一种高风险、高收益的期权形式。当投资方与融资方在经营绩效上存在信息不对称的情形，或者投资方不能或不太关注融资方的战略方针与经营过程而仅注重其绩效结果时，利用对赌协议，投资方可以以较低的代理成本实现自己的权益并锁定自身的投资风险。中小企业，特别是成长型企业往往会以股权为代价获取高速增长所需的大额资金以解燃眉之急。

我国近年来对赌协议的案例不难发现，"对赌"的投资方几乎都是具有外资背景的大型金融投资机构，如摩根士丹利、鼎晖、高盛基金等，而融资方则多为成长型企业。它们遇到的共同问题是，随着企业迅速发展与壮大，资金严重不足且在国内上市难度较大，融资渠道有限。从投融资双方签署的对赌协议条款来看，大多以直接的财务绩效为"赌注"，如蒙牛乳业、徐工集团、飞鹤乳业等均以财务业绩为协议条款指标，也有少数公司以股价、期货价格以及公司上市等非直接财务绩效作为"赌注"，如华润集团、碧桂园以股价为"赌注"，而中华英才网则以上市作为"赌注"。

当企业不能实现其超常业绩增长时，经常会陷入"融资-保业绩增长-再融资"的循环协议泥潭而不能自拔。为了实现对赌协议中的财务绩效要求，保证超常增长所需的资金，企业只有再次依靠外部股权融资增长来满足资金需求，然而，资本市场的不发达和不完善使得成长型企业通过上市增加权益资本的融资方法很难行得通，即使存在可能性也会因为较长的等待时间使得企业无法在对赌协议约定的时间内再次融资到位，实现业绩增长。如果再次采取私募股权融资，伴随而来的是又一份对赌协议，企业从此陷入连环"赌局"之中而无法自拔。最终，无法完成对赌协议的要求，忍痛割让股权或被兼并。我国资本市场的发展现状以及成长性企业特点决定了其融资顺序。可持续增长是企业长期稳定发展的保障，超常增长必须依赖特定的路径，而其中的财务路径并不总是可以依赖的。成长型企业在寻求私募股权融资的过程中，必须科学预测自身财务绩效高速增长的可能性和可持续性，在对赌协议设计中本着力所能及的目标与投资方进行融资博弈，这样才可能解决中小企业在融资过程中产生的一系列问题。

中国富人的钱都去哪儿了？

在这世界上人分两种，有钱的和没钱的，大家热衷于谈论致富经，却极少会有人探讨致贫经。但我认为，其实了解贫穷的本源才是致富的第一步。所谓贫富自然是一个相对概念，如果说拥有100万元的人和拥有1000万元的人站在一起，前者很难被称为富人。不过在当今社会，有钱的人恐怕也要分为两类——富人和中国富人。财富观和致富观是两个概念，经常听到有人抱怨中国人仇富，其实中国人的仇富心态并不是仇视财富，谁会跟钱有仇呢？而容易引起仇恨的是那些难以置信的暴富之人，致富的速度夸张且伴有道德背叛。最明显的表现，中国人很擅长"仇恨"本土首富，对外国首富却报以偶像般的推崇。我对此的评价是，这回真不是崇洋媚外的扭曲心态在作祟，的确是我们的富人们自身有值得打问号的地方。

为什么没有人仇恨苹果公司创始人乔布斯的财富？为什么没有人嫉妒比尔·盖茨的暴利？而在过去20年的中国，每个中国版首富几乎都会成为舆论和公知们的众矢之的，随后不乏有首富身陷囹圄的案例。中国市场经济发展的背后挂着一副中国式富豪众生相。小到盗版山寨，大到官商勾结，这些都成为很多富豪们的致富经，这也就是为什么我们谈中国富豪们的发家史往往只惯用描述创业者勤奋吃苦的形象，很少有对创业者对社会创新价值的描述。不是媒体吝啬笔墨舍不得描写，而是因为的确没有那么多可值得称赞的社会创新价值。通过改变人类生活发展命运而成功创业的富人典范，在中国可谓凤毛麟角。于是，大家把希望寄托在富人们能多多捐款的层面，似乎首富就意味着一定要首善，而首善在当下中国慈善语境下天经地义就应该是捐款最多的。2008年汶川地震救灾中出现的万科集团"10元捐款门"事件就是最好的印证，挣了那么多钱为什么不能多捐点？弄的王石先生百口莫辩。其实王石想表达的是理性捐款和企业持续经营的理念。中国的财富观和致富观的认知扭曲一方面使得普通百姓觉得不解气，另一方面富人们也觉得委屈。

暂且不论中国慈善业需要改革的地方太多，就像国家足球队要想雄起还需要漫长的等待。就当下而言，中国的富人赚到了钱，却并没有赚到安全感，甚至财富与安全成了矛盾体，钱越多越不安全。其实，这还是前文所提到的不可持续或游走在法律边缘的致富经历所致。按照经济发展常理，社会财富增加了，可进行经济增长再投入的动力将更加充足，然而现实总是与理想状态保持着距离。中国经济总量跃居世界亚军，货币财富早已赶英超美，成为第一货币大国。全世界都认为中国是最具消费能力的国家。然而与此同时，国内重多的中小企业面临着更加紧缩的资金环境，赚来的钱似乎对投资不那么感兴趣了。那么，中国富人的钱到底都去哪儿了？

当下中国富人的钱有四大去向：转型投资、亏损返贫、反腐归公、海外移民。20世纪70年代刚下海时，倒腾牛仔裤甚至能赚到100%的利润，30年后外贸毛利率不到10%。对于很多享受到第一波改革开放红利的开拓者而言，不得不面对的局面是许多传统产业面临崩盘，各种新兴产业盛行，新老产业结构需要有所衔接，要么被完全淘汰，要么就是断臂求生，进行自我变革。与此同时，受货币利率和汇率的影响，中小企业的资金难以维持新的发展循环。

就算是移民海外，富人的日子依旧不会好过。新出台的美国税法《外国账户税收遵从法》已于2014年7月开始生效。全球7.7万家银行和其他金融机构开始向美国政府报告拥有美国国籍或绿卡客户的账户情况。新出台的美国税法更加便于我们国家掌握中国人在美国的资金开户情况。从一定意义上讲，反腐将真正成为让部分富人返贫的最大利器。目前中国经济已经步入相对平稳的发展阶段，不会再出现爆发式增长，也不存在投机取巧。富人在经营企业的过程中，应当专注于做实事，管理好自己的财富。随着国家的反腐力度加大，目前的富人和未来的富人应当做一个自我检查，远离非法途径。

不管时代如何变迁，中国的富人都很擅长一件事，那就是从绝望中寻找希望。这个品质在变幻莫测的今天依然适用。2014年10月28日福布斯发布的中国富豪榜显示，"BAT"三大富豪占据了福布斯中国富豪榜的前三位。借助在美国的成功上市，马云以195亿美元的身价成为中国首富。榜单显示，今年榜单上的前三名全部是科技圈大佬。其中，阿里巴巴马云以195亿美元的资产位居第一，百度李彦宏以147亿美元的净资产位居第二，腾讯马化腾以3亿美元的差距屈居第三。中国富豪榜终于不再是开发商的天下，这难道还不是一个新的起点吗？看到中国经济的希望，才能有机会分享未来改革胜利的果实。

P2P乱象，网络理财大冒险

2014年，P2P几乎占据各大"跑路"榜单，甚至成了"跑路"的代名词。一个平民理财模式究竟是如何堕落的？P2P理财究竟该不该参与？轻松获得高收益的宣传语逼得大爷大妈们都恨不得成为网络高手，当P2P插上网络的翅膀，也就拉开了老百姓网络理财大冒险的序幕。

在网络和金融没那么亲密的时候，P2P似乎在中国不是那么时髦，但是随着2014年作为互联网金融元年的开启，P2P真的来了。P2P小额借贷逐渐由单一的线下模式，转变为线下线上并行，随之产生的就是P2P网络借贷平台。这使更多人群享受到了P2P小额信贷服务。老百姓发现自己也能成为投资人或者出借人，当一回"债主"。互联网的简便操作与网络化传播的效率，使得"网络理财"轻松赚钱的形象得以逐步确立。一大群P2P野蛮生长，真真假假，难解其中奥妙。大爷大妈们管不了那么多，看别人挣钱总觉得自己胆子应该再大一点，结果深陷其中不能自拔，眼看非法P2P将自己大半辈子的存款卷包"跑路"。

P2P真的那么可怕吗？民间借贷平台就真的没有出路吗？毕竟P2P由诺贝尔和平奖获得者穆罕默德·尤努斯首创，起源于对农村的小额信贷援助。再怎么样，P2P终归不是天生的邪恶附体。P2P其中的P是英文peer的意思。主要是指个人通过第三方平台在收取一定费用的前提下向他人提供小额借贷的金融模式。平台上的客户由两方面组成，一是将资金借出的客户，另一个是需要贷款的客户。

浙江某投资管理公司资金链断裂，800多名客户的2.8亿资金深陷。但类似这种资金链断裂的问题在P2P行业内屡见不鲜。P2P一波倒下，一波却在崛起。2014年的问题平台数已达99家，其中仅仅9月份就出现22家。进入10月后仅仅一周有余，又有多家P2P借贷平台先后出现提现困难或者法人失联跑路的现象。其实，P2P乱象背后不光是跑路企业的无德，更有难以满足的借贷、投资、理财的老百姓财富增值出路的需求。P2P仅仅是一个资金交易平台，根本就不能直接吸纳资金，甚至是存贷款的功能。这么简单的道理和法律常识最终被踩在了非法P2P的脚下，为什么？如果P2P不是天生邪恶，那么谁是？答案恐怕只有一个，那就是人内心的贪婪。不劳而获是最可怕的理财观。表面上看，投资行为都是钱生钱的资本行为，但背后需要做大量的投资前期准备工作。首先一项就是要完成对投资对象和渠道的学习了解。很显然，不管P2P领域是否有详尽的监管法规，但凡有点投资知识的人士都能明白高达25%甚至更高的所谓"保本"理财产品是否真的能实现。什么项目能高达25%而且轮得上自己参与投资，并且还保本？殊不知"保本"与"投资"本身就是一个价值矛盾体，投资就意味着风险与收益的并行。

老百姓要想实现自己的理财梦，先不要想着赚钱，而是要首先练好防骗术。谁都想要赚钱，但是天上不会掉馅饼，任何一个收益高于10%的理财产品都要慎重，投资者一定要警惕。合法的公司并不代表它做着合法的经营，这让习惯于通过看各种证件、证书作为评判标准的大爷大妈们难以适应。任何股权投资管理都要要承担本金风险，究竟是借贷关系还是项目投资关系，要擦亮双眼。但无论如何，P2P的平台本性不能变，平台只能做连接借贷信息和建立借贷担保体系的事情。想通过简单的点两下鼠标就赚钱，还真的不太好办。世上本无骗局，贪婪是骗局野蛮生长的土壤。

互联网金融时代的确开辟了老百姓理财的新篇章。在这个金融改革时代，人人都能成为理财VIP，十块钱也能有投资效益的产生，比如余额宝。中国老百姓的理财投资致富心切，可是面对金融产品的专业环境，能做的却有限。但是，理财便利化的背后究竟隐藏着哪些平日不被熟知的金融知识和投资规律，这才是每个投资人需要认真学习和思考的。知识改变命运，在当今社会更显得尤为珍贵，面对各种花式理财，真心感觉到"不学习，无出路"。

"沪港通"与"一码通"背后的股市大棋局

中国证监会在2014年4月10日正式批复开展沪港互联互通机制试点，简称"沪港通"。证监会指出，"沪港通"总额度为5500亿元人民币，参与港股通个人投资者资金账户余额应不低于人民币50万元。2014年10月8日，中国证券业正式迎来"一码通"时代，即中国证券登记结算公司为所有的持有证券账户（包括A股账户及封闭式基金账户）投资者配发"一码通"账户，关联沪深A、B股等各类证券子账户。说的通俗点，"沪港通"让股市投资人手里的钱不仅能够购买沪市股票，同时还能通过兑换港币后购买港交所发行的股票，又多了一个股票市场的选择。"一码通"的实施则让股民们不再因为开户账号过多、操作繁琐且不能自由更换券商而苦恼，增加了股市投资的话语权。与此同时，"沪港通"与"一码通"的同步推出可绝非是简单的便民服务，二者均会对中国股市乃至资本市场的未来格局产生突破性影响，投资者们的机会将因此而产生跨越式的增长。

两大股市改革政策一经出台，2014年金秋时节的中国股市如久旱逢甘霖，伴随着各种改革利好一路看涨。尽管股市的回暖因素多多，甚至开户人数的增加有相当一部分来自不景气的楼市，但"沪港通"与"一码通"抓住了资本市场发展的动力，那就是资本交易的流通性与行业格局的竞争化。所谓"要想富先修路"，对于久病缠身的中国股市亦是如此，中国资本市场的封闭式发展让散户们承受着高手续成本、低交易效率的苦涩。

"一码通"的开启改变着大小型号各异的券商们多元化竞争格局，行业发展充满新的变数。传统的大型券商不再绝对的"一言九鼎"，中小券商似乎看到了重生的希望，甚至有可能借助互联网金融实现弯道超车。同时，投资者将有更多机会体验和评价各个券商的服务，股民们终于可以"货比三家"，股民议价的时代终于来临。券商利润空间必将受到挤压，将引发券商领域新一轮客户争夺潮。"一码通"开通后，投资者将无成本转移账户，这将终结券商佣金的价格战，拼服务才是硬道理。

相对于大型传统券商的原始积累优势，一些拥有全牌照的中小券商，借助大数据客户系统，凭借思维灵活，敢于业务创新的互联网金融，借势赶超巨无霸券商的机会终于到来。证券市场的账户资金充分流动，股市活络了经脉与血液循环，散户的"小钱"投资比重也不再是被各种账户分割得支离破碎，形不成投资的集中合力。

根据瑞信（瑞士信贷集团）报告预测，2030年全球股市市值将升至284.2万亿美元，中国股市市值将超越英国和日本，位居世界第二，仅低于美国。美国股市市值仍居世界首位，名义美元计价市值将达到98万亿美元，占全球股市市值的份额为34.6%，这要较2014年市值高出74万亿美元。中国股市市值将升至54万亿美元，份额为18.9%，意味着较2014年有50万亿美元的名义市值增长。中国同时将超过英国和日本，市值仅低于美国股市。我们可以想象，在这种发展规模下的股市资金流动将影响每个中国股市投资人的切身利益。这么大的蛋糕如果再没有具有变革性的分享流通机制，最终恐怕只能发霉变质最终烂掉。

再来看看受"沪港通"影响的恐怕不只是中国股市，而是整个中国资本市场。这个棋局的关键点就在于人民币的国际化布局。人民币的货币国际化破冰之路充满艰辛，"沪港通"的启航无意给人民币国际化注入了又一个催化剂。作为沪、港股市之间的一种互联机制，相关概念早在2007年中国就在筹划，但因争议颇大而告流产。时隔七年，内地和香港两地证券监理机构终于联合宣布，推出"沪港通"试点办法。"沪港通"终于正式成形，站上了台面。股民们终于可以分享另一个巨大的股市蛋糕，增加了投资选择，吸引更多的资金流入这两个股市。在这个过程中，上海和香港的国际金融中心地位得以进一步确立。

但这些还不够，中国大陆资金的注入象征着国际市场的港股市场，除了增进双方市场的证券交易，其背后更重大的意义在于人民币交易量的大幅度提高，人民币的国际交易规模和货币地位会因此得到空前的提升，有望借此成为仅次于美元和欧元的第三大国际货币。伴随人民币在香港流通的数量大增，香港成为离岸人民币的首要中心地位也同时得到强化。对于投资人来说，沪港股市的强强联手将转变个股波动为多组合集团化的市场局面，股市的相对稳定性将大大提高，散户们不必再为时常发生的毫无预兆的大风大浪而心惊胆战。

货币能力是资本市场发展潜力的最直接体现，人民币的国际货币地位强化，必将从根本上改变中国资本市场的未来发展格局，让中国在未来的国际资本市场大棋局中获得更多更强的博弈筹码。

豪宅增值性超越普通住宅

2013年8月，北京市房地产近一个多月先是180平方米以上的大户型出现罕有的抛售，有些从未有过交易的豪华小区内，整幢别墅在密集抛售，且有加速抛售的趋势；再是房地产价格上升过快，上半年房价同比上升26%，北京三环内房地产商品房平均价已达每平方米5.2万，远超市场公开信息披露值。在普遍聚焦普通商品住宅的价格走势的同时，我们似乎忽略的豪宅在楼市中的一席之地。

仅从资产保值增值角度观察此事，豪宅不是豪车，二者本质区别在于，前者增值后者贬值。豪宅市场依旧会在未来楼市格局中占据重要的一席之地，其保值及增值性会在一定程度上超越普通住宅。豪宅不一定是大户型住宅，是指在质量、档次、规模和售价等方面都更高档的住宅，其豪华程度主要表现在对价值和环境资源的占有率方面。相比较普通住宅，豪宅的保值性和居住稀缺性都是明显的。虽然豪宅的变现能力不如普通住宅，但在复杂的调控政策环境背景下，无疑是有能力有资格购买的消费者的首选。但不能忽视的是，豪宅通常不是购房者第一住所，那么在目前严厉的限购政策条件下，豪宅的成交量也会受到政策实施的直接影响。

豪宅的非保障性与非刚需性的特点说明，"一刀切"的住宅调控政策对豪宅是有"误伤"嫌疑的。与普通住宅相比，豪宅的价格受市场因素推动的成分更多，市场属性也更强。豪宅的价格包含在整个楼市的价格体系，但并不适用所有调控政策。针对房价过高而采用的各种调控手段，核心作用体现在将投资、投机需求排挤出普通住宅市场，进而支持刚性需求。豪宅显然不能纳入此调控范围。相反，如果能将豪宅通过价格放开与限购解禁，必将有利于缓解普通住宅市场因政策放松进而造成的市场报复性反弹的压力。

市场是客观的，认知是主观的，对近期大户型住宅交易波动情况的分析无非建立在两个假设角度之上：一是大户型意味着富人房、豪华房甚至是腐败房，所以在新政策出来之前先行出手，避免麻烦；二是基于相对客观的统计数据做出判断，如果数据没有太大起伏则视为平稳。第一种假设多少有些一厢情愿，毕竟大户型住宅的定义仅仅是根据面积。以面积的大小来判定业主身份，至少是不严谨。如果据此认为这轮大户型住宅交易是对即将出台长效性楼市调控政策的预期和担忧，只能成为一种单纯的猜测。关于对房价的拐点预测已经持续多年，但从未被实现，取而代之的是不同节奏的房价增长。无论是专家一家之言式的认识还是地产服务机构的数据解读，各种论断的背后是对政府下一步楼市调控政策的预期愿望。总之，豪宅市场依旧会在未来楼市格局中占据重要的一席之地，其保值及增值性会在一定程度上超越普通住宅。

2015年A股五大猜想

新一年的到来，总会给人们带来无限遐想与希望。过去的2014年既是改革年，也是股指摆脱"熊市"的一年。那么，2015年股市会如何演变呢？笔者就股市未来走势接受了中国国际广播电台《新财富时间》的专访。

观点一："深港通"是一个顺理成章的事，但对中国股市的刺激作用比较有限

展望2015年证券市场，猜想一，"深港通"开通，实现概率90%。伴随"沪港通"稳定的运行，有关"深港通"起动的呼声越来越高。虽然官方回应目前仍然处于一个讨论的阶段，但根据市场上发布的公开消息看，机构普遍认为"深港通"最快或将在今年上半年开通。有分析人士认为，"深港通"开通的初期，深市中小板及创业板市场会承受较大的心理压力，深市中的低估值高成长白马股将值得重点关注。

记者：我们今天第一个猜想是说"深港通"的开通，我们给出概率是90%，你看呢？

刘艳：应该差不多，我认为"深港通"是一个顺理成章的事情，可能从"沪港通"开通之前大家争论比较多。"沪港通"开通以后，经过一段时间的试运行，"深港通"也是必然之举，也是顺理成章的过程。

记者："深港通"到来会对中国股市刺激作用多大？

刘艳：应该还是比较有限的。因为"深港通"的开通和"沪港通"有异曲同工之妙，更多的作用在于战略上，包括人民币国际化，以及对中国资本和国际接轨，等等。对于股市的刺激还是取决于资金的融资规模，所以我认为还是比较有限的，因为它最大的意义不在此。

观点二：对于股票期权交易，要正确理解，不能盲目跟风

展望2015年证券市场猜想二——股票期权推出，实现概率80%。近来监管层在开展两融业务的同时，也分批对各家券商、股票期权的筹备情况进行摸底，有观点认为今年股票期权有望上线、A股市场即将进入期权时代。

记者：股票期权的推出其实对于投资者来说，您觉得是不是多了一种减少风险的途径，同时也可以通过这个途径套现？

刘艳：我们要全方位了解什么是股票期权，股票期权实际上是买方在固定的期限之内按照双方约定的价格购买或者出售某种股票权力的合约。听起来比较复杂，其实就是我们要求投资者对未来股价有非常精准的判断，才能够让我们做空做多成为双向获利的机会。这个对投资者有比较高的投资知识要求，不适合每一个散户，要正确理解，不能盲目跟风。

观点三：注册制如能实行是重大利好，但需要更加严格的退市制度执行配套

展望2015年证券市场猜想三——注册制实行，实现概率80%。前不久，证监会副主席透露证监会已经于2014年11月底发行注册制改革方案

并上报国务院，方案将在讨论完善后发布。证券业协会副会长王玫也表示，2014年11月底注册制度改革方案已经上报国务院，注册制推出只是时间问题。目前市场普遍预期，证券法的修改，至少等到2015年6月，才能走完全国人大常委会的三审程序。再加上注册制征求意见的时间，真正推出可能要等到2015年下半年。

记者：说到注册制实行，一旦真的实行，对于市场以及对于投资者带来的影响有多少？

刘艳：应该是重大改革政策的利好，注册制实行是一个和国际接轨非常重要的路径。同时，我们要非常重视配套措施的严格执行，如果没有严格的退市制度，注册制实行非常困难，但是注册制在我们现在简政放权改革背景下是必然之举。

观点四：2015年融资杠杆还会继续加大，会创造一个新高

记者：除了刚刚说的2015年几大猜想之外，还有哪些事情是你更关注的？

刘艳：更关注资金杠杆这个层面。因为通过2014年下半年的行情以及对2015年预估股票融资的规模来讲，我相信2015年融资杠杆还会继续加大，会创造一个新高。甚至超过美国成为全球第一。资金的放量是中国股市牛冠全球的基础，当然这个过程中中小投资人怎么把握自己手里的资金很重要，否则满仓踏空会频繁发生。而且资金杠杆的撬动会让股市波动更加剧烈，同时会改变我们单边市场的格局。

观点五：T+0重返舞台对股市刺激过于极端，需要非常谨慎

记者：其实还有一些人预测T+0会重返舞台，您觉得T+0能够在2015年股票市场当中实现吗？

刘艳：这个举措时机会久一些，出台T+0应非常谨慎。T+0在发达股市资本市场也是约束条件非常多的，很明显在现在国内包括对蓝筹股价值低估的问题没有解决的情况下，出台T+0恐怕对股市刺激过于极端，会引起不必要的动荡。

股权众筹阳光化，你准备好了吗？

中国证券业协会网站于2014年12月18日公布了《私募股权众筹融资管理办法（试行）》（以下简称《管理办法》），《管理办法》明确规定股权众筹应当采取非公开发行方式，并通过一系列自律管理要求以满足《证券法》第10条对非公开发行的相关规定：一是投资者必须为特定对象，即经股权众筹平台核实的符合《管理办法》中规定条件的实名注册用户；二是投资者累计不得超过200人；三是股权众筹平台只能向实名注册用户推荐项目信息，股权众筹平台和融资者均不得进行公开宣传、推介或劝诱。

众筹热的背后需要冷思考

通读《管理办法》过后，深感政府对中小微企业以及创业融资的用心良苦，相比较对要求特定资质的如银行、券商等金融机构的监管，对资金众筹方式的融资监管难度将会更大，可见政府是下了决心支持"全民创新、全民创业"。2014年被称为"众筹元年"，民间投资热度不减反增，互联网金融几乎成为百姓金融的代名词。在马云故事的激励下，每天成倍增长的创业项目成了香饽饽，创业者拿出一部分股权，将这部分股权出让给众多投资者，从而融得资金。在这个过程中，借助互联网平台将创业者和投资者联系，这就衍生出了股权众筹模式。资本众筹的解禁犹如脱缰之马，大大小小的资金奔向各种投资项目。众筹资金的同时也是在众筹风险，对于投资散户而言可怕的不是风险的大小而是在资金入市之前不知道风险的存在。特别是对于小股东权益保护机制尚未建立，在投资者准入门槛方面，还需要重视判断投资人是否是具有一定风险判别能力和承受能力；在财务监管方面，需要配套引入与第三方支付平台合作的资金管理模式。在这些配套细则没有正式实施之前，盲目众筹的确容易变成"众愁"。

股权众筹等同"中国式散伙"？

合伙创业听起来很美，可是现实却很残酷。创业初期齐心协力，挣钱后反目成仇，"中国式散伙"案例屡见不鲜。西少爷肉夹馍就是个典型"中国式散伙"，自己出了钱就想自己说了算，信用契约机制的缺失无意会放大股权众筹的社会风险。老百姓拿着血汗钱去参与众筹项目，必须要考虑赔得起赔不起的问题，股权众筹就好比"全民风投"，项目投资成功率可谓是百里挑一。赔不起、项目判断力低、"中国式散伙"等这些都是当下中国放开融资众筹领域后必须面对和解决的问题。

任性是屌丝的标签，股权众筹作为一个屌丝都能参与的投资，监管部门对投资者充分提醒风险是对投资者保护的首要任务。

中国版"乔布斯法案"值得期待

其实在股权众筹的发源地美国，股权众筹的流行也并非一帆风顺，直到2012年，美国总统奥巴马签署了《创业公司扶助法》，即"乔布斯法案"，放宽了对于创业公司融资的限制，规定创业公司可直接向一般公众股权融资才有所发展。

相比较其他金融创新领域，中国在股权众筹方面绝对算是紧跟潮流，2014年3月份，我国证监会发言人就表示股权众筹模式对于完善多层次资本市场体系、支持创新创业的活动具有积极的意义，并对股权众筹模式进行广泛调研，《管理办法》终于在辞旧迎新之际出台，尽管是个征求意见稿，但毫无疑问《管理办法》将成为中国版的"乔布斯法案"，股权众筹也将迎来空前的发展。谁能成为下一个马云？这将是2015年最吸引眼球的财富话题。

政府对民间资本投资的态度逐渐从招安的思想向休养生息的扶持思想转变，这对每个人都是新的机遇。在努力抓住机会的同时，不能懈怠对风险的评估。对于投资而言，安全第一，收益第二。

互联网金融时代人人都是理财VIP

几年前，马云在谈到中小企业融资贷款问题时，曾说"如果银行不改变，我们就改变银行"。这句在当时被认为是"疯话"的结论，在马云这位一向善于创造商业奇迹的小个子手里真的实现了。2014年不仅是金融体制改革重新扬帆起航的元年，更是中国金融业基因从下到上发生聚变的激荡之年。各种理财宝们的横空出世，开启了互联网金融走入千家万户的时代，10元钱也能享受理财收益的好时光来了。不可一世的中国银行业在年初如惊弓之鸟，甚至将年初1月份银行存款额骤降的"黑锅"扣在余额宝的身上。其实小小的余额宝在中国金融市场还远不能及银行大哥的地位，不过有危机总比坐井观天强得多，向来自信满满的银行选择了与改革同步，开发创新很多理财宝们，试图挽回在全民理财方面的暂时劣势。

互联网金融充分利用了客户大数据的采集功能，实现了金融产品社会化聚少成多的杠杆灵魂。俗话说，"你不理财，财不理你"。可前提是有财可理。现代都市的主流小白领大部分自称为"屌丝"，这丝毫没有贬义，仅仅是按照收入支出比例来看，能有大笔存款通过银行来理财的人毕竟还是有限的。借助互联网市场平台购买命名为余额宝的货币基金理财产品，这种方式无疑是打破了理财的额度门槛。10元钱不嫌少，1万元不算多的余额宝理财本金，吸引成千上万的网友加入理财大军，甚至平时连上网都不太会的大爷大妈们也纷纷学习上网知识。在互联网的金融世界里，没有贵宾室，没有门槛歧视，没有预约排号，没有刮风下雨影响出行交通，没有凌乱的账户倒来倒去，至少在互联网金融时代，没有三六九等，一个网络端口就是理财的贵宾通道，走在上面的不分钱多钱少都是VIP。真的可以说，金融理财的平民化时代来临。

相比恨不得要把老百姓都逼成经济学家的复杂金融知识，余额宝们的简单易行的确提高了理财的便利性。但是一定要摆正心态，指望这些"低门槛"的产品发家致富肯定是不可能的。这些理财产品主要是把平时的一些散碎银两化零为整，特别是对于那些月光族的年轻人来说，每个月拿出100元放到里边，每天也不用等银行上班，拿着手机就随时随地看到了自己的财富状态，会很有成就感。

比让金融理财平民化和便利性提高更具有意义的不是高利润，而是敲打了中国金融业固化已久的格局。这个格局的最大特点就是银行业一家独大，社会间接融资长期占据社会总融资的85%以上。在此局面下，向中小企业融资倾斜政策和资金只能是一句空话，美好愿望而已。互联网金融推翻了中国金融业垄断和暴利的游戏规则，中国金融业的基因正在被改变。近两年风风火火的比特币在中国只是昙花一现，挑战国家货币主权的行为终归是九死一生，但是改变金融资本流向规则的余额宝兼顾了货币主权与扶持社会财富增长的双方面权益，所以在银行的穷追猛打下活了下来，而且活得很好。有人不禁要问，余额宝从早起的6.5%跌到了不到4%，还会不会跌下去，是不是说明余额宝理财正在走向末路。其实，恰恰相反，任何民间暴利的产生都是不能长久的，金融并不意味着暴利，暴利只会给金融业带来起伏不定的巨大社会风险。余额宝回归略高于银行存贷款利率的水平正是一种理性回归，小本买卖收获小本收益，正是余额宝金融属性真正的体现。

什么是改革？改革就是让NO变成YES，让没有变成有。互联网金融的发展就是让NO变成YES的过程。中国的经济结构改革到了攻坚的结构，金融体制改革是破冰利器。过去我们要求所有的金融机构都给中小企业贷款，给他们去融资。他倒是想借钱，有去无还怎么办？谁承担这部分责任？完善我国金融体系，让中国的金融业不再只有银行一家独大，充分发挥金融的衍生杠杆作用，才是金融体制改革的可行之道。

房贷新政将如何影响楼市与股市？

就在2014年国庆长假前夕，央行和银监会公布了一个通知，是《关于进一步做好住房金融服务工作》的通知。这个通知当中对首套房贷认定进行了松绑，并对贷款利率调整到最低七折。现在已经长假过后了，很多楼盘广告铺天盖地。目前四大国有商业银行相继做出怎样的回应？新政执行情况又将怎样？房贷新政能不能让楼市彻底回暖，对楼市未来发展有何影响？对于关注投资市场的人来说，这对A股市场有什么影响，是提振股市，还是让资本从股市流入楼市呢？笔者就这些百姓所关心的问题接受了中国国际广播电台《新财富时间》节目的专访。

记者： 刘艳，这两天您一直关注房地产，因为每到国庆假期的时候，除了大家出游之外，很多人会去看房子，但是在长假前一天消息出来了，是不是一个特别好的时点？

刘艳： 分两方面看，央行在这个时间点出台这样一个政策，其实有一定的目的性。短期希望大家重振楼市信心，利用假期时间看房，选购自己想要的住宅产品。长期利用金融工具调动社会资本，向金融靠拢，是长期救市的行为。但是大家普遍关注的是不是回暖。所谓的回暖有一个比较点，所有开发商都希望回到最好的时候，但是这个回暖，我们可以把它总结成为一种价格的启稳，价格不再像上半年那样狂跌，从这个角度讲回暖实现了。以北京为例，上半年跌得非常厉害，但是下半年连续三个月，7月到10月，每个月环比价格中间相差幅度在逐月缩小，也就是说出现了价格启稳的迹象。很多城市也普遍出现了通过楼市新政策的刺激，开发商有变相提价的行为，打的都是人们预期的算盘。人们预期提高了，自然对楼市有一个重要购买的信号。但是另外一个方面从客观数字讲，"十一"七天长假和以往我们受到政策刺激以后的反应不一样，大部分人并没有选择购买，甚至有人会选择旅游放弃看房，这种现象很少出现。而且在这七天，我有很多朋友不断接到二手房电话的需求信息和买卖的信息，也就是说先动起来是卖方市场。买方市场还在观望。现在房价跌了，很多人观望，是真跌还是假跌。

记者：很多人都觉得现在房价太高，因为毕竟买房子不是唾手可得的事，所以大家心理预期很难满足。之前有这样一些政策之后，大家立刻有所反应，现在慢慢归于理性，可能和其他的条件没有完全解除有关。虽然说都取消限购，但是北上广还在坚挺，就北京楼市来说到底怎么投资？我可以在银行贷款了，但是不符合这边的条件也是一个问题。你说从7月份到10月份处于一个止跌的状态，但往年7月到10月是价格节节攀升的时期。

刘艳：此一时彼一时。

记者：但是不管怎么样，政策对房地产商来说是期盼已久的。能落实怎么样？有多大变通性？是购买者期待的。现在关注四大国有商业银行，它们就此已经开始执行新的货款利率了吗？

刘艳：插一句，开发商未必消化得了优惠政策，他们的能力在楼市冰冻时期被打击了。也就是说从冷冻变回暖，开发商需要时间适应，不是每个开发商对这个政策都是全面叫好的。说到银行，其实这一次金融工具推出来高兴的是银行，受益者也是银行，央行不仅仅是推出最低30%首贷的起付，更重要后面跟了两个条款，就是允许发行类似MBS这种住房个人贷款债券。这无疑是给银行过去这种限制它的放贷能力的同时又打开另外一扇窗，可以通过新金融工具产品把它向社会进行发售。未来张三的钱可能是从李四那儿贷的，可能不是从银行贷的。

记者：不步入某些事件的后尘吗？

刘艳：你说美国次贷危机，这个我相信监管部门在出台相应的意见和通知的时候，是做了充足的准备。因为我们看到这扇门不是一下打开的，它是试探着市场慢慢打开的，而且就像我们楼市的确处于一个绝对低谷这个角度。回到购房者角度讲，我们可以看到，这一次央行主要的金融政策至少能撬动市场30%以上刚需的群体。为什么很多朋友还是觉得房价高买不起房？凡是有这样观点的人，大部分都是刚需，购买首套房的群体。与以往调控不同的是，以往是投资者关注中国楼市，现在是需要首套房居住的人关注楼市。虽然很多人还是觉得买不起房子，但我们现在这个时期，可以基本判定是最适合买房的一个历史时期。因为很显然，很多过去以投资为目的的购房者经过长时期的调控，使他们身居场外。新的政策出来以后，首先选择是观望，投资资金没有进场，这个时候是给刚需群体的一次机会。

记者：买房就是有自己一个家，刚好有政策配套，选一套自己心仪的房，可以相应支付一些首付。因为既然是刚需，不要把房子当成一个投资品，不要想以后赚钱还是赔钱，难道你不要家了吗？

刘艳：赚钱是肯定的，就是赚多赚少，如果要满足刚需又要赚大钱不太可能。

记者：我们关注货款利率不像当年上浮1.1倍了，即使第二套可以享受到七折等也是历史上最优惠的贷款利率。

刘艳：回到低点。

记者：接下来对于未来楼市的长远发展有多大影响？之前通过金融工具贷款买过房的人心有余悸，不知道未来多少年贷款政策又有变化了？

刘艳：通过几大银行，包括城市商业银行对于政策的放宽，你发现他们的反应是不同的。但是至少在语言表达上支持央行的决定，在实际操作的时候，首付30%却附加了很多额外条件。这是为什么老百姓觉得贷款很难买房，这里面包括存款要求，包括风险。过去我们是既认房又认贷，现在很普遍都是只认贷款，不认房。这个是普遍放开的，但是每个银行不是"一刀切"的。首付到30%，利率可以打八折或者七折，现在比较普遍是打八五折，七折还比较少。

记者：我们说到这儿的时候引申一个话题，现在想在银行做一些贷款业务的话，对于一个人要求越来越高。回想几年前的时候，去银行办业务，银行对于整体信用来说关注并不多。现在看到央行的个人增信系统越来越完善，一不小心就有一件两件事情发生，留下一点小污点，都给银行为你再做贷款提供各种阻力。也许你因为之前十块钱、二十块钱没还，就将利率从八折变成九折。可能像你说的，真正能够办得出贷款的不是那么容易的一件事，所以大家接受起来会慢慢需要一个过程。但是不管怎么样，对于房地产市场也好，对于中国经济来说也好，都还是有一定的助推作用。当然还有特别想法，这样一来，是不是会有很多人的钱从股市流到楼市了？

刘艳：要看怎么说，中国楼市、股市、车市三市代表中国晴雨表。我们把握楼市和股市，不是此消彼涨的关系，它们不是一个翘翘板的关系。楼市好了，股市就跌了，这个不完全。因为股市我们知道由N个上市企业组成，比如说在国内有140多个房地产相关企业在股市里面进行投融资的行为。楼市如果好，这些企业都是受益者。除了开发性的企业，还有钢筋水泥都是在房地产开发市场当中的一个产业链。如果楼市好，股市好不到哪儿去，好也是波动性、炒作性的、阶段性的。好在这一轮股市不是因为房地产的兴起，而是新兴产业，新能源、新资料，以及军工都做了回升的支持。所以房地产的楼市影响对股市影响在逐渐减弱。但是同时我们看到楼市回暖不意味着大家把炒股钱集中到楼市，毕竟投资楼市的散户和投资房地产散户不成正比。投资股市大家投个十万八万，少的两万三万都有，房子起步价比股市高很多。是不是把买房子的钱投资股市？每个人理财结构是完全不一样的。我不主张把买房子的钱投资到股市，毕竟股市资本运营的风险远远高于以住宅为主的固定资产配置。

记者：你是从专业的分析角度来说的，我希望我们投资者在股市当中赚钱。

刘艳：然后再投到楼市。

记者：改善自己的居住环境，再加上车市，所做的事情就是让自己生活变得更好。其实对于美好生活的追求我们都在期待，也在做。当然各种各样经济政策的出台，也会帮助我们抓住这个机会。说到抓住机会，很多投资者或者关注楼市的人都有这样的感觉，为自己错过的机会追悔莫及。就你本人来说，你想给投资者一个什么样的提示？

刘艳：这就像改革开放初期到今天，你为什么不下海，当让你下海的时候你没有下海，让你买房你没有买房，你连鱼的尾巴都吃不到。这有两种心态作祟，中国人喜欢通吃，以小博大。以小博大的机会无论在股市还是楼市都是极渺小的，有也不一定落到你头上，从概率上讲概率很小，投资也是概率事件。第二点，如果是刚需的群体，你手里有这样的首付，有时候需要冒一点小险，这时候你要进行资产配置。你有一百万，不要全部买房。你可以选择用60万买较小的房子，不能够将自己的资产100%投入到固定资产上。固定资产还意味着有变现的过程，一旦你需要现金，大房子没有小房子好卖，手里没有活钱是不好的理财习惯。

记者：着急卖和慢慢卖收益不一样。

刘艳：所以心态是第一位，你有多少金刚钻就揽多少瓷器活，这个在投资领域依然成立。很多人看他挣得多，他投得多，别羡慕，因为你不具备投资能力，也不具备享受投资回报的能力和可能性。

记者：我们就相关央行政策说到投资理念，每个人对投资理解不一样，但是不管怎样，有一点特别重要，你要放平心态，在投资路上不要左顾右盼。你左顾右盼会把思绪打乱了。你要看看前方，也许就柳暗花明了。今天和各位关注相关央行和银监会做出的住房的相关通知，对于购房银行贷款调整的解读，希望给需要购房的人带来一定帮助。

"红包大战"成为中国新消费练兵场

"抢红包"无疑是刚刚过去的2015年春节的最大看点，"红包大战"硝烟未散，在战绩数据层面，微信支付以近4倍的红包量完胜支付宝。其实，谁胜谁负都已经不那么重要，重要的是，"红包大战"已经成为中国移动支付产业的练兵场，开启的可能是消费拉动经济的新引擎。

新消费的背后是新理念与新支付。中国老百姓近些年在海外的消费能力与日俱增，怎么到了国内就那么费劲？中国13亿人形成巨大市场潜力在全球可谓是无国能及。问题究竟出在哪里？其实关于消费的问题，并不需要多么高深的战略布局，关键在于站在老百姓的实际消费支付需求角度考虑。对于普通老百姓来讲，说投资挣钱难也就罢了，如果连花钱也那么麻烦恐怕很难接受，花钱图的就是个方便快捷。所以说，改善消费支付方式本身就是在间接提升消费能力。

传统商业银行一直致力于通过推出各种信贷消费金融产品来刺激大家用明天的钱干今天的事，单纯的银行借贷消费服务的客户毕竟有限，各种借贷门槛以及分期付款的繁琐手续吓退了大部分消费者。单一传统的金融借贷产品已经不符合当今全面拉动消费的新形势，今天中国的消费问题不是无钱可花的问题，而是有钱该怎么花的问题。相比较，银行扮演单一提供现金的消费服务角色，移动支付平台则扮演着连接市场、客户、企业三大消费资源复合型角色，能够提供全方位消费服务，从消费信息传播到为消费咨询再到订单处理与线上支付，可谓是一条龙消费服务。企业通过发红包结交客户，客户再反向去了解企业及其产品，看上的产品直接在线支付，消费效率将明显提升。同时，在线支付提供的大数据反馈能够为企业改善经营与改进产品提供最有力的支持，进而提高产品质量吸引更多的消费者。仅在除夕，微信春晚摇一摇互动次数就达到了110亿次，这种宣传效率是任何传统工具都望尘莫及的。

可以说，移动支付不是单纯通过提供便利的支付方式来提升中国消费者的消费能力，更是从提高整体消费效率来铸造中国消费拉动经济增长的新格局。在互联网支付中，如果等待时间超过5秒就有27%的客户会流失，这要求企业不得不提高技术服务效率，提供更多的优惠刺激消费。另一方面，资金流转速率的提高也让实体零售商业获得更多的发展资金和客户粘性，形成持续消费能力。同时，与移动支付相得益彰的是各种微信贷、微理财的开发，移动支付引领着一个已经形成"物流、信息流、客户流"自循环的消费服务产业链。2014年我国手机支付用户规模达到2.17亿，增长率为73.2%，第三方移动支付交易规模近8万亿元，同比增长390%。可以说越来越多的人养成了移动支付的习惯。支付习惯的根本改变让消费者有更多几率选择购买产品，毕竟在很多产品消费过程中，支付方式是消费偏好的重要组成部分。移动支付方式符合未来中国消费主力群体80后和90后对消费时尚理念的需求，是在培育和扩大中国未来的消费主力。

十年前，移动支付首次被提出。以消费拉动中国经济也提出了很多年，却找不到真正拉动的发力点。今天，这个发力点似乎已经现身，而"红包大战"只是中国移动支付产业腾飞的练兵场，红包狂欢不仅加速了移动支付的普及，更是开启了消费拉动中国经济的新引擎。

改革再出发，
你抓住机会了吗？

第四篇

民生保障并非多多益善

透过"雾霾险"看民生产业投资的未来

　　"雾霾险"来了！2014年3月17日，首款针对雾霾天气理赔的保险正式上线。人保财险官网显示，只要北京市城八区连续5日空气污染指数（AQI）监控大于300，将一次性给付污染津贴，最高达300元；被保险人在保障期间因雾霾致病住院给予住院补贴，最高达1500元。该保险保障人群年龄为10至50周岁，保费从78元至138元不等，保险期限长达一年。当达到空气污染的赔付标准后，只要登陆人保财险官方网站，在"雾霾险"理赔专区填写被保险人的账户信息，无需其他材料，赔款将直接打入被保险人的银行账户。也就是说，只要连续出现重度雾霾天气，被保险人就能够得到这笔补贴金。

　　听起来的确非常有吸引力，毕竟在全城乃至全国雾霾化的今天，遭受雾霾侵袭已经是无法避免的。拥有一款"雾霾险"不仅时髦，而且更有雾霾经济消费的味道。不过，2014年年初成为热点话题的"雾霾险"今已偃旗息鼓。中国人保和中国平安相继推出的与雾霾天气相关的保险产品，随后即被保监会紧急叫停。"雾霾险"到底是金融创新还是保险公司的眼球营销经济？现在看来，后者的成分恐怕更多一些。中国保险业的国民形象恐怕不及房地产开发商，经不住忽悠式的推销买保险的百姓群体庞大，购买之后始终满意者少之又少。按理说，保险业经营的是偶然和风险，在大数法则下分配保险资金，所以不可能所有购买保险的消费者都用得上保险赔付。可问题就在于，不管是否享受到保险赔付，消费者都不太满意。究其原因，很显然不是一个消费者要求苛刻就能解释的，还是我们的保险业自身有问题。人身安全、交通出行、财产保障、健康医疗等都是重点投保领域，保险业一不留意就囊括了整个社会保障内容，是标准的民生产业投资经济。但是，与其他民生领域投入不同的是，保险业需要具备很高的金融资本回报率，而不仅仅是保障性的资金投入。中国保险业的改革不仅肩负促进行业充分竞争的重任，更要引领民生投资机遇的拓展。老百姓的衣食住行能否成为经济消费革命的新领域，民生产品究竟值不值得投资，这些问题都将伴随着中国经济改革的再出发获得新的答案。

首款"雾霾险"诞生一周即被保监会叫停，叫停理由是人保财险虽然向保监会备案了"空气污染健康保险"条款费率，但在销售期间改变条款中的保险责任。和"雾霾险"一样，"中秋赏月险""世界杯遗憾险"等新鲜的险种听起来都让人好奇，这些保险都被叫停，除了擅改条款之外，核心原因是违背保险市场基本原理和大数法则（也叫大数定律，指的是当试验次数足够多时，某种随机现象总会以一定的概率出现），带有博彩性质。

相比保险产品是否符合各种概率法则，对于监管部门来说，老百姓不受蒙蔽是更重要的监管底线。如果部分保险公司打着创新的旗号大玩圈钱游戏，就冲这点，就应该对保险公司进行重罚。老百姓更关心买到的是不是"坑爹保险"。各种奇葩险种的出现，让我们不得不探讨中国未来民生产业领域投资的得与失。当前很多以民生保障为名义的投资行为都面临着圈钱、圈地的指责。如何破解这个尴尬的命题，还得期待未来投资环境改革的新契机。

　　经济改革再出发的一项重要议题就是开放更多的投资领域，法无禁止皆可投。2014年的行政放权力度不可谓小，行政权力直接干预从诸多市场领域退出，降低了诸多行业的准入门槛。但是，面对更加开放的市场环境，民间资本是否真的做好了准备呢？在传统的经济发展格局下，关乎老百姓衣食住行的民生保障领域似乎与市场经济和资本运营相去甚远，但是市场规模的背后毕竟还是人口红利在起基础性作用。民生经济产业恐怕是未来发挥中国人口大国优势的一个最有潜力的发展方向，是一个尚待开挖的产业金矿。在楼市、股市、车市都增长乏力的今天，将有更多的资本关注民生市场，民生产业的规模经济效益将迎来春天。

　　在中国经济版图上构建民生产业的地位不是一朝一夕的事情，首先要在国民经济体系中重新树立民生产业经济的新概念和新地位。过去我们简单地将老百姓的衣食住行理解为民生经济，但随着衣食住行中的附加价值的产生，衣食住行产品并不仅仅满足于人类的生存需要，而更多具备了拉动经济增长的投资回报效益。比如老百姓的日常居住行为。房地产业一度被纳入民生产业经济范畴，但楼市财富的暴涨显然不是人民居住的刚需所致，而是在传统民生产业投资发展到一定阶段后形成对社会资产金融杠杆效应。以房地产业为代表的民生行业是老百姓衣食住行四大刚需领域的典型代表。但是，新兴的民生产业投资领域却远超出这四大领域。新兴产业领域始终围绕着民生主题展开，比如位于新兴产业之首的环保产业，环境治理在过去一向被认为是费力不讨好的买卖，现如今成为各个新型城镇化未来扶持的重点产业。

　　据统计，全球环保产业的市场规模已从1992年的2500亿美元增至

2013年的6000亿美元，年均增长率8%，远远超过全球经济增长率，成为各个国家十分重视的"朝阳产业"。根据《"十二五"节能环保产业发展规划》预测，到2015年，我国节能环保产业总产值将达到4.5万亿元，环保服务业产值超过5000亿元，形成50个左右年产值在10亿元以上的环保服务公司，产值年均增长率达到40%。服务业在环保产业中的占比达到30%，这也表明我国的环境服务业发展更具潜力。这里要说明的是，新兴民生产业的兴起并不是因为我们过去投向楼市买房的钱没地方去了，才不得不做环保产业，而是因为该领域市场潜力巨大。产业投资回报有个先入为主的发展规律，提早布局总比被动转型强得多。对于一向挑剔的资本而言，投资的不是过去的传统业绩，它们更加看中的是新兴产业的未来，以及未来的市场潜力和可持续盈利的商业模式。

所以，"雾霾险"们带给社会的一个最大启示就是，投资民生产业不仅需要营销似的冲动，更要选择好切入点，让创新来得更务实一点。投资民生产业经济就是投资无限成长的未来。

以房养老那点事儿

中国老龄化的最大特点依然与钱有关，即未富先老。中国在人均GDP为3000美元时就已进入老龄化社会，而一般国家人均10000美元时才进入这个阶段。到2011年年底，中国60岁及以上老年人口达1.85亿人，全国各类养老机构4万个，养老床位315万张。随着第一代独生子女的父母进入老年，家庭结构小型化、空巢老人养老难日益显现，人们对养老机构的需求日益增大。

北京的张女士的父亲年逾八旬，需要人看护照料。冲着价钱相对便宜，她想把老人安顿到公办养老院，可问了一圈下来，有床位的养老院条件十分简陋，环境稍好的则需"排队等候"。广州的崔先生也有着同样的烦恼。无奈之下，他跑去民办养老院打探行情，结果很失望。"环境是好，但交通不便，收费更贵。"崔先生说，不少养老院在入住时需先一次性交一笔钱，至少5000元，再算上各类押金和按月算的床位、护理、伙食费，少说也要上万元，这还不包括以后每个月好几千的开销。对于他这样的工薪家庭是笔不小的费用。"住不上"和"住不起"并存是中国普通收入家庭寻找养老院时所遭遇的困境。

谁来给自己养老？社会福利与子女都被寄予厚望，就在此时"以房养老"横空出世，令人疑虑重重。好不容易买了套房，最后还要还回去换取养老金，想不通。以房养老，真的就那么可怕吗？

现在很多人骂"以房养老"，以为它会把以房养老这种形式强加给老人，其实从现有政策和国际通行做法来看，以房养老的产品最终会以保险理财产品的形式推出，属于自主选择的商品。之所以令大家紧张，无外乎"以房养老"四个字从政府的嘴里说出来带有政策语气，容易被误读成强制性的推行措施；另外，这短短四个字中竟一下子包含了老百姓一辈子最关心的两个问题：房子和养老。谁敢动这两块"奶酪"，老百姓自然备加关心。政策指导意见一经公开，还没等政府做进一步的解释，"用房子换养老金"的争议声音就已经是铺天盖地，不仅政府始料不及，就连各大媒体也应接不暇地赶忙推出各种相关专题节目，生怕落在自媒体之后。

我们还是看一看2013年的《国务院关于加快发展养老服务业的若干意见》吧。这份指导意见首次明确提出了促进和推广运用金融杠杆工具提高养老质量。房子作为可抵押的重大家庭资产成为撬动金融杠杆的首选，于是被解读为抵押房子还养老金，去世之后房子归银行甚至是政府，简称"以房养老"。这种解释固然没有逻辑错误，但是如果把以房养老简单地归结为辛辛苦苦贷款买了房子最终还要把房子还给银行这一条不归路，那么这显然是一种误读。"以房养老"最重要的实施背景就是自愿契约性。根据自己的实际需求和能力自主选择以房养老的理财产品，这种产品通常由保险公司推出。以房养老保险类产品更适合拥有两套以上房产的群体，将房产视为财富资产，为生活幸福服务，正所谓"财尽其用"。当然，具有传统的将房子作为重要遗产传承下去思想的人是不适合"以房养老"产品的。

房子在中国传统民间文化里不仅代表着财富、地位，更是一种家族传承的载体。每一个跟房子相关的社会政策和市场产品都会引起各种非议，但"以房养老"不会成为强制性的社会养老资源分配方式，仅仅是希望老百姓的养老生活更加锦上添花。当然，政府对养老保险产品的监管要求应该更加严格，与此同时养老的社会保障投入不能松懈。只有社会基础养老基金实现均等化，老年人在此基础上进行市场化选择才更有安全感。反向抵押式的以房养老产品能走多远？我们拭目以待。但是有一点是肯定的，政府对养老市场的引导不仅要有创新的魄力，更要有坚实的政策公信力；老百姓也要通过"以房养老"风波来提高自己对养老理念和养老质量提升的再认识。吐槽固然很爽，但是了解各种养老产品的属性比单纯的抱怨更有用。

福利社会，想说爱你不容易

在欧盟较富裕的国家中，社会福利支出可以占到GDP支出的25%。德国《明镜周刊》描绘了普通德国人的典型生活：每天早上要花将近半小时时间泡澡或淋浴；然后67%的德国人开私家车去上班，只有13%的人选择公共交通。开的车很多是豪华型的奥迪A4、宝马X5等。每周在公司上班4到5天，每天工作8小时中，有2小时午休，两个各半个小时的咖啡时间。下班后，娱乐活动丰富多彩。平均每年德国人休假时间长达173天，几乎相当于工作1天休息1天。

2011年的欧债危机大爆发，彻底颠覆了福利社会在国民心中的"高大上"（高端大气上档次）的标准形象，大家意识到原来福利社会也是危机重重。曾经让中国老百姓无比艳羡的西方发达国家福利社会究竟怎么了？其实欧洲还是那个欧洲，只不过社会福利的供给随着国家经济涨跌周期在进行调整。

在中国老百姓心里，福利社会的标准各不相同，通常都是按照自己的生活需求和发展希望来勾勒心目中的福利社会。其实福利社会并不是那么高不可攀，很多欧洲市民也是"身在福中不知福"，并不认为他们的生活是最优越的。人们对社会福利的要求一向是没有最多只有更多，可称得上是一种另类的"贪婪"。当有一天社会福利体系终于不堪负重的时候，人们才会觉醒，原来我们想象之中的福利社会并非是完美无缺的。中国经济改革再出发的新方向不再是单一追求效率，对社会公平与福利也不再是简单的兼顾关系，而是要重复撬动老百姓的安全感和幸福感。这就必然提出了一个重要命题，如何平衡社会经济发展与社会福利持续优化供给的问题。

古语讲"由俭入奢易，由奢入俭难"，社会福利供给亦是如此。社会福利产品只增不减的惯性向来是不可逆的，这就好比地铁车票降价容易涨价难。之所以难，是因为福利的供给是有成本的，除了生产经济成本之外更有政府公共治理成本，比如矛盾纠纷、系统更新升级等。公共福利产品投入产出过程在英国经济学家庇古和霍布斯的研究中总结为福利经济学，并且在"二战"后的欧洲社会逐渐形成对福利社会的极力推崇，但是庇古根据边际效用理论提出了两个重要的福利命题，其中一个就是国民收入总量愈大，社会经济福利就愈大。显然国民收入总量的提升是社会福利增加的必要前提基础，兜里没钱福利享受无从谈起。

欧洲福利社会的形成的确是受到选举经济的诱导，候选人都愿意花钱争取更多的选民。就像中国的换届经济也是拉动地方GDP的重要催化剂。福利社会和地方经济增长都要受到外力的推动，而不是简单的城市内生产物。经济增长与社会福利永远是一对不离不弃的冤家。

"钱荒"——伤不起的购房族

  说起购房，已经买到房子的人担心未来房子涨价不够快，尚未买到房子的人担心口袋里的银子跟不上房价上涨的速度。购房族可谓人人有本难念的购房经。这其中说到底是购房资金筹措问题。身处紧缩的金融市场环境，企业发展面临融资问题，个人买房也会存在"融资"问题。"钱荒"无疑是2014年的流行语，企业钱荒、银行钱荒、公积金钱荒、购房人也钱荒，钱究竟跑到哪里去了？究竟是购房成本太高还是我们的融资方式欠妥？这个问题非常值得思考。无论怎样，个人在获得购房资格以及将拥有一套住房的机会面前，任何程度的"钱荒"都是伤不起的，都是难以承受之痛。

  在实行限购政策的城市，人们不得不承受资格与资金的双重压力。市场内外环境的复杂化使得购房成为了一门理财和财富管理的学问。俗话说"你不理财，财不理你"，购房亦是如此。懂得更多的购房融资方式，掌握更多的资金杠杆的运用技能，才能使购房不再是单纯的成本负担，相反会成为辅助个人财富管理的重要部分，是一个化被动为主动的投资过程。

  在多年前的低房价、不限购的购房者黄金时代，购房者通常会根据手中的自有资金简单规划出全款或借款的支付方式。今天的购房者，不管是出于投资还是自住的目的，都会精打细算，认真比较各种资金筹措方式。全款、公积金贷款、商业贷款、分期支付、抵押担保、先租后买、亲戚拆借，等等，十八般武艺纷纷登场，甚至出现过公积金贷款和商业贷款的组合使用，这种做法目前已经被禁用了。对于那些以投资住宅作为目的的群体，最佳购房境界是至少拥有三套房，即"住一套，租一套，卖一套"，显然公积金难以满足这类需求。但是，对于购买首套自住性住房的群体来讲，在努力凑齐首付款的同时不得不认真进行成本计算，判断到底是使用公积金还是商业贷款。毕竟，还款压力直接关系到未来几十年房奴的生活质量。即使是刚需购房群体，买房子也是对个人财富的管理过程。因为只要是住宅，无论其用途，都具备未来的保值增值空间，那么势必符合"降低成本，提高收益"的投资回报最大化的理财逻辑。显然，购房"融资"过程实际上就是个人控制资金投入成本的过程。

公积金贷款与商业贷款在贷款利率、贷款对象条件、担保方式、单笔贷款最高额度、担保单位、放贷时间等多个方面存在区别。其中有三个方面会对购房成本产生直接影响。首先是贷款利率，目前，5年以上公积金贷款利率为4.5%（年），商业贷款利率为6.55%，即使在扩大优惠至0.85倍以后，5年以上商业贷款利率为5.56%，两者相差1.06个百分点。由于公积金贷款利率具备比优惠折扣后的商业贷款利率低这一显著优势，故工薪阶层通常把公积金贷款作为置业贷款的首选；第二，贷款额度以及贷款年限。商业贷款根据房屋情况以及个人资质而定，无上限，贷款年限最长30年。公积金贷款一般情况下上限为80万元，贷款年限最长30年。在这方面，商业贷款略胜一筹。从贷款额度以及贷款年限来看，商业贷款的额度是根据借款人所购买的房屋情况而定。若借款人购买新房，在个人资质良好的情况下，则对应的商业贷款额度为房屋成交价的70%左右；若借款人购买二手房，个人资质良好的情况下，对应的贷款额度则不超过房屋评估值的70%左右。所以，对于贷款额度而言，商业贷款的额度范围较公积金贷款额度更加能够达到借款人的预期值，也同时能够满足借款人较高贷款额度的需求；第三，还款方式。商业贷款通常采取等额本金、等额本息、双周供、固定利率等方式；公积金贷款则是自由还款。虽然各家银行商业贷款的还款方式"百花齐放"，但相较于公积金贷款的自由还款方式而言，商业贷款局限性较多。公积金自由还款的"人性化"体现在借款人可设定每月最低还款额，而这恰恰是商业贷款的众多还款方式无法比拟的。

公积金贷款与商业贷款各有优缺点，购房者在决定采取哪种方式进行贷款购房时，应充分考虑到这两者贷款方式的特点，并依照自身实际情况选择贷款方式。如购房人购房借款额度较大，首付又短时间凑不齐，可选择商业贷款；又或者购房人并未缴纳公积金，商业贷款亦是不二选择；但如果购房人对利率敏感程度较高，希望尽可能的节省利息，那么公积金贷款应是首选。以购买房价为200万元首套住宅为例，由于公积金贷款上限为80万元，所以按照最低首付60%，还贷期限20年计算，使用公积金贷款每月须还款约5061元，使用商业贷款每月须还款约5988元，后者每月还款金额高于前者900多元。从绝对值看，公积金贷款的确划算，但是面对总价200万元的房子，最低首付60%的资金支付会带给个人短期内很大的"钱荒"压力。

更重要的是，如果为筹措首付资金而付出更多时间成本，而筹措期间房价波动上涨会直接提升房子的总价。相反，商业贷款则可以通过用时间换空间的方式在第一时间购房，避免因筹措公积金首付而错过能够承受的房价。因此，购房者不能盲目地只盯着公积金相对较低的利率，而应当同时考虑首付资金压力和因此带来的错失购房机会的风险。

另外，从未来所购房屋的增值空间角度讲，早一日购房就能够多争取一日的资产保值升值的财富收益的机会，这无疑是很好的理财方式。因此，究竟是选择公积金还是商业贷款，需要购房者结合自身资金状况，融入家庭理财的整体结构，算大账而不能单纯计算未来每月还款金额。

除了全款和向金融机构贷款之外，还有资金拆借、抵押担保等融资方式。以抵押担保的融资方式为例，对于那些急于筹措资金购房者而言，这是一个"不错"的短期融资方式，但前提是你得有可抵押的资产。目前金融机构推出的抵押贷款方式中以消费贷为公众熟知，虽然消费贷明文规定融来的资金不可用于购买房屋，但是不少购房者还是会想方设法、以各种消费名目把钱借出来。目前消费贷的利率大约是基准贷款利率上浮10%左右，而贷款年限最高10年。虽然消费贷利率与商业贷款利率相差不多，但是由于贷款年限缩短，无形中对购房者构成了较大的短期资金压力。如果购房者一段时间内不能有充足的现金流，或者短期内不能有一笔可观的收入，此种融资方式未必是好的选择。此外，这些方式更适合那些有一定投资经验的购房群体，使用拆借来的资金购买房屋，然后再通过对房屋的出租、更高价格的出售以及反向抵押等方式偿还拆借资金同时获得短期收益。

总之，解决个人购房的"钱荒"问题，的确需要"天时、地利、人和"，但老话讲得好，求人不如求己，归根结底需要购房者本人通过不断学习树立财富管理意识，了解各种购房"融资"的手段和技能。学习成本的支付换来的是购买到称心如意的房子，换来房子的保值增值为家庭带来的财富收益。不盲目、不恐慌、不犹豫，这是中国购房族必须练就的硬功夫。

"房闹"究竟谁之过？

2014年上半年，央视连续对"房闹"现象进行了报道。在宏观调控形势严峻、住宅市场低迷的大背景下，"房闹"更成为诸多楼盘现场的家常便饭。下个定义，所谓"房闹"，是指购房的老业主由于对新开或新推盘价格低于其购房时的价格不满而发生的集体与地产开发商闹事的行为。对于"房闹"，社会大众通常报以"解气""找开发商算账"等愤慨的心态来看待，却很少有人真正去思考背后的原因。为什么房地产市场好的时候没有人"房闹"？为什么购买别的市场产品没有出现"降价就闹"？为什么政府没有将"房闹"视为治安事件处理？

"房闹"，孰是孰非，笔者认为涉及三方面核心问题。

第一，"房闹"本身是一种违背市场契约精神的行为。

市场经济及市场交易的一个基本属性就是契约性，当双方在共同商议达成一致后进行交易即可认为是公平交易。双方对交易行为各负其责，所交易产品发生价格变动并不能改变已经生效的合同契约行为，所以老业主所购住宅产品的市场价格并不能成为"房闹"的理由，相反带有打砸性质的"房闹"是一种破坏市场契约的行为。

第二，正确的投资文化缺失是"房闹"的心理诱因。

对于投资者来讲，住宅作为投资品出现价格波动是一种投资风险，是投资者必须承担的投资成本。市场有风险，投资需谨慎。不要为当初的高房价冲昏头脑。买涨不买跌，买贵不买贱是不成熟的投机心态。

第三，"政府的缺位，开放商的默认，市场信息不对称是"房闹"的内在原因。

老业主的"房闹"行为固然不妥，但归根结底是中国畸形的房地产市场结构和行政调控的无过渡性造成的后果。如果"打板子"，90%的板子应打到市场游戏规则制定者和监管者的身上。作为市场中的个体，老业主在对政策把握和楼盘实情都处于信息缺失的状态下购买了住宅，实属弱势群体，采取"房闹"也实属迫不得已。

面对"房闹"，开发商往往采取"默许"的姿态，甚至是专门将这些损失列入项目开发的经营成本。这是一种无奈，开发商常被认为是"抬高房价"的罪魁祸首，自然不敢得罪业主，但无论如何，"房闹"都不应该成为业主与开发商关系的常态。

综上所述，"房闹"的出现绝非老业主的一时冲动的表面原因，反思"房闹"的根源，正确投资文化的缺失、业主知情权保障的缺失以及政府事前监管的缺位才是"房闹"的根本内因。

谁为百姓居住保驾护航?

2014年7月，北京出台最新保障房政策草案，经济适用房、限价房、公租房、廉租房等保障房将逐渐退出历史的舞台，由配售型住房和配租型住房两种新型保障房取代。其中，配售型住房交易后不得再次上市交易，只能由政府或产权人按规定价格回收。经济适用房退出历史舞台的背后是我国住房保障制度的转型，这样的转型究竟会对老百姓产生什么样的深刻影响? 笔者在中国国际广播电台《新财富时间》节目中进行了新政解读。

记者：今天我们讨论一下住房保障体系的转型。在北京存在很多年的经适房、限价房将会退出历史的舞台，由配租型、配售型保障房取代，公租房、廉租房、经适房、限价房，中国的保障房市场一直是名目繁多的，让普通老百姓眼花缭乱，那么本次北京市拟新推出来的住房保障条件，能否理清市场乱局，这是今天我们讨论的话题。

我们看到2013年4月19日之前申请的10万户备案家庭还是可以轮候经适房、限价房的。我替等待轮候的家庭问一个急切的问题，能申请到吗? 有没有时间限制?

刘艳：目前没有看到有这样的时间限制，随时会有新的政策出台。因为如果真的要满足所有的正在轮候、排号的老百姓的需求，这基本上是做不到的，所以会有新的政策细则出台。

记者：之前申请是10万多户，现在北京每年开工多少套保障房？

刘艳：经适房远远低于这个数字。因为目前在北京，经适房不是保障性住房的主流，更多人关注自住型商品房。

记者：各种机制不是特别明朗吗？

刘艳：经适房从诞生那天起，就决定必将在中国保障房体系内很快退市。因为它会给购房者、政府的政策调控和整个购房住房体系都带来很多难以克服的问题。

记者：为什么现在取消经适房呢？

刘艳：因为经适房的最大特点实际上可以形容成一个短期内被控制销售的自住商品房，有一定价格优势的住房。它可以变相转化为商品房，最后出售时需要补的差价和居住期间的价格增长和增值，不成正比。这就让资质不管合格还是不合格的人，都趋之若鹜。很多资质不合格的人会寻求各种各样不合法的手段，挤占保障性的资源。如果说社会公平达不到，任何一个保障性住房政策出台都没有意义、没有价值。

记者：您提到经适房审查不严会挤占公共的资源，那么除经适房之外，其他保障性住房就不会有这样的问题吗？

刘艳：会好一些。其实所有保障房都有一定的寻租空间，但是经适房的寻租空间远远高于其他。寻租空间就是通过非法手段获得，有一部分灰色收入纳入体制内。其他产品是以租为主，或者严格限制房主销售，限制销售方法不是控制年限。比如现在共有产权自住型住房，拥有这个房子的人不仅是房主，还有政府。如果要卖，第一个有时间限制，第二个你要卖给谁，政府有优先回购权。当房主收入提高之后，就不能再享受这种房子，要把房子按照合理的价格让政府进行回购。

记者：没有更多的投资行为吗？

刘艳：投资的意义不大，即使有投资的空间、增值的部分，和你这几年的付出也不成正比，还不如把钱投资别的地方，所以从人的本性上避免了寻租空间的扩大。

记者：刚才您介绍了经适房存在一定的寻租空间，所以有一定的投资价值。现在我们看到保障性的住房体系选择非常多，比如经适房、限价房、廉租房、公租房等，不知道到底有什么样的区别？

刘艳：不多，恐怕以后还会更多，为什么？产品不断的创新，实际上是为了满足不同需求的人群。经适房的退市是因为不公平造成的，公租房、廉租房，还有自住房的推出是针对最需要住房保障的群体。住房保障体系为什么转型？是因为过去一个最大的问题，就是"一刀切"的保障性住房体制，同时我们把住房的保障和我们房地产市场的可售关系的边界弄得模糊。所以未来的趋势是，从形式上以售为主转向以租为主，严格划分住房保障市场和正常商品房市场，双轨运行，变成两个完全封闭的市场进行运作。

记者：如果很难在市场上流通，就只好常住了。

刘艳：随着大数据时代的到来，政府公共服务能力得到提升，他会评估你住房的能力。在收入增加以后，你就得退出。未来直接的行政干预会越来越小，比如限购、限价等。2014年7月25日国家开发住宅成立事业部，就是利用金融手段把社会资产流动起来，承接保障房资产流动起来，给更多需要住房保障资源的人员。第一提高供给，第二提升分配的效率。

记者：刚才说保障房制度的演变过程，我们能不能看出来一些规律？

刘艳：可以，这个非常明显。我们国家保障性住房借鉴了国外的经验，包括经适房、住房公积金的制度都是借鉴了新加坡的经验。那个时候我们保障性住房是一页白纸，必须要借鉴，但是我们发现我们的国情，还有我们人口规模与其他国家不匹配。政府一直在调整，后来推出廉租房、公租房。廉租房是为了满足低收入人群的需要，就是家庭收入每个月在450元以下的人群，政府进行补贴，每个月花费几十元钱租房。

记者：在北京吗？

刘艳：最开始有的，后来演变成公租房。当社会政策满足最低收入人群需求以后，就要开始顾及收入稍微高些，但不能廉价租用住宅的群体，比如说单身小白领。

记者：是不是夹心层？

刘艳：是夹心层靠下的一个部分。这部分需求也满足了，再往上就是限价房。限价房起到一个很好的过渡性作用，比周围的房价低30%，帮助了那些急于购房，首付又赶不上房价增长的人。但是限价房也要退市，它不利于市场的定价机制。

记者：比周围的房价低30%，是今年还是明年？

刘艳：房价是动态的，这种比例不是动态调整，很可能会变成第二种经适房。2014年北京市政府开始重点探索共有产权的自主型住房。自主产权在配售类住房保障体现中是重要的表现形式。因为共有产权自住房是可售的，只不过条件苛刻。

记者：要想卖，就要卖给政府？

刘艳：对，而且有年限要求，要对房产进行估值，还有土地增值税，房主受益的空间有限。所以它对资金有限且希望得到资产保值的人更适合。资金不够的人可以政府付一半，自己付一半，个人产权占50%到60%。但是不管是90%也好，还是10%，只要政府占了比例，房主卖的时候就不能自己作主。唯一的问题是，这种住房保障形式，老百姓心里多少还是不踏实，和别人共有一套房，从居住文化上很难接受。

记者：刚刚您和我们简单地分析了我国保障房制度演变的过程。现在除了一线城市以外，比如像南京、南昌还有贵阳、武汉等城市都实行了保障房制度。像江西省2012年就已经实施了，现在两年多的时间过去了，应该也是有一些变化？他们现在开始实施的是一租、一售、一补，这种补的方式怎么样？

刘艳：可行，但是针对群体有限，国外是针对底层的，没有货币资产收入来源的人。

记者：直接发钱还是不太好？

刘艳：目前对各个城市财政压力还是蛮大。

记者：发展方向会不会像您刚才说的新加坡、香港的公屋发展？

刘艳：公租房和廉租房类似于别人的公屋体系，我们跟别人的差距在于：第一我们分层不太细。这是因为我们没有很强的保障中心数据的支持，对于整个城市的人口结构和收入阶层的评估不够到位。如果分类不到位，就会导致政策目标的群体不准确，真正需要保障房的人居住不上。另外，我们知道香港也好，新加坡也好，作为一个非大陆地区，属于单体城市化。咱们国家每一个省市都存在差异，比如说像北京，北京的人口和人口层次必须需要五种以上保障性住房，否则无法覆盖。很多中小城市，一些县、开发区等，人口形势单一，都是就业的白领，都是企业的高管，保障性住房就得根据地区特点进行重新设计。香港、新加坡不涉及这个问题，大陆问题很复杂。

记者：新加坡货币还有一个换算，香港87%的公租房月租金都在2000元以下，我们当然做不到，为什么他们能够这么便宜？

刘艳：这个和政府强大的供给能力是分不开。财政依靠税收，税收和本地经济发展相关。但是老百姓会问，咱们国家每年高速发展，我们的住房和收入，或者说租房支出和实际收入差距越来越大。因为这里头有一个货币政策的问题，但另外一个是住房保障产品供给不够给力，供给太少，分配的机制不能够让大家得到一种服务和享受，他觉得是设门槛。其实本来我们设门槛的目的是让需要保障的人进来，现在是门槛太高，需要的没进来。结果导致控制性的保障住房闲着，但是分配机制和评估机制不到位。

记者：您觉得未来发展趋势还是公租房和廉租房？

刘艳：特别是公租房要提高供给量。像北京这样的一线城市，我们也要分别对待，多增加一部分共有产权的住房。

记者：其实我还有一个问题，我们刚才说香港房子不仅便宜，同时质量非常好，他们的开发商为什么就愿意做这件事情？像去年中冶巨亏，他说再也不建保障房了，为什么我们的央企不愿意做？

刘艳：只要是企业，就不会在毫无条件的情况下就盖保障性住房。

记者：条件是什么？

刘艳：条件是政策，最早期优惠土地价值，现在一线城市强制性的必须配建多少保障性住房，强制性分割开发商利润，所以开发商带有抵触情绪，抵触会直接反映到成本控制，严重则偷工减料。所以，利润的摊薄是开发商不愿意盖保障性住房的原因。

住房保障制度需要更强大的金融支撑平台

住房价格节节攀升及中低收入者住房困难等问题并非中国独有，无论是发展中国家还是发达国家，解决中低收入家庭的基本住房问题都是在经济增长过程中必不可少的发展环节。市场经济背景下，住房问题不再仅仅是一个经济问题，而更是一个社会问题。相比较如美国、英国、日本、瑞典等发达国家近百年的住房保障制度发展，我国相关领域的制度建设实属年轻，我们有必要站在前人发展的基础上取人之长，补己之短。

美国：以法律为制度基础，以金融为保障工具

美国作为目前世界上经济最发达、崇尚市场经济的典型国家，其住房产业在"二战"以后得到大规模的发展，居民的住房消费水平非常高。政府积极利用市场杠杆和法律手段大力扶持本国的住房产业，基本形成了住房供求以市场机制为主、政府参与为辅的住房制度。

美国住房政策制度的阶段性强，主要体现在不同时期制定的法律法规上。1933年颁布的《全国工业复兴法》(National Industrial Recovery Act)标志着美国公共住房计划的启动。该法包括授权使用联邦资金解决低费用住房、清理贫民窟和生存房基地。随后，1934年通过了《国民住宅

法》，建立住房管理署；1937年国会通过了第一个《合众国住房法》。

纵观美国住房政策的历史演变，美国政府在解决中低收入家庭的住房问题上，主要手段体现为：政府直接投资或为企业提供优惠条件鼓励其建设公共住房；对低收入者进行租金补贴、租金优惠券、发展购房信贷保险制度，等等。在实行机制上也通过科学精确的设计，在政府负担、开发商及银行利益、住房保障对象的权益三者之间达成了相对的利益平衡。特别值得一提的是，美国高度发达的金融产业也为政府解决住房问题提供了新的途径。利用发达的金融机构，采用先进的抵押贷款方式，解决中低收入者的住房资金问题。但是，我们也要看到其中金融风险的存在，过度开发住房消费信贷市场会导致一系列的金融危机出现。2007年8月爆发的，对世界经济产生重大影响的美国次级债危机就是最典型的例子。

英国：在住宅产权私有化进程中不断平衡政府干预与市场调节

英国是最早建立资本主义制度和实行市场经济的国家，其住房政策和制度的历史演变过程也最长。英国对住房的关注可以追溯至19世纪中期，1868年的《劳工住房法》规定了政府清理贫民窟的责任。但是直到1914年以前，英国所有的住房都是由市场供给。1979年撒切尔夫人执政后，开始大力推行住房私有化政策，相继颁布了1980年的《住房法》、1984年的《住房与建筑法》、1986年的《住房与规划法》，为地方政府出售公房和居民购买公房提供了法律依据，同时将过去抑制私房出租的政策改为适度鼓励私房出租，以此缓解住房紧张。到20世纪末，英国私人拥有住房的比例达到67%。20%的居民租赁公共住房，另有10%的居民租赁私人住房。可见，英国的住房政策，特别是公共住房制度的建立和实施已经取得非常良好的效果。

英国涉及住房产业的政府机构主要有财政部、环境交通部门、社会福利保障部，并且扶持发展非营利性组织，如：住房协会、住房金融互助会。各公共部门和社会组织的协调合作，以及中央与地方政府在财政、具体管理问题上的规范合作都为英国住房产业发展和实现住房保障福利起到极其重要的组织作用。实行针对低收入群体低租金政策；针对部分中等收入的公平租金策略；配合其他社会福利种类追加贫困家庭住房补贴；运用金融信贷工具为福利群体提供住房资金。总体上，英国住房福利经过了从"普遍补贴"到"针对性补贴"的分化过程，在维持房屋产权私有化趋势中，合理运用市场调节工具，科学规划住房"自有-租赁"结构格局。

瑞典：坚持普惠原则，追求高品质的住宅保障

瑞典是典型的高福利国家，被誉为"福利国家之窗"，推行高福利、高消费、高工资的"三高"政策。瑞典独特的混合经济模式和社会保障制度发展基础，使得该国的住房保障制度独具特色。瑞典的住房保障不主张区别对待而是坚持普惠原则。瑞典政府住房保障政策致力于给每个人提供一所足够宽敞和舒适而且环境优美的住所，强调居住质量力求达到现代化标准，把获得符合标准的住房看作人们的社会权利。住房补贴是瑞典住房保障制度方面最主要的政策措施，大体包括房租补贴、

税收优惠、贷款利息补贴等方式。

瑞典早在19世纪就出现了针对农民的抵押贷款利息免税，后来在国家的支持下建立了抵押银行。在"二战"结束后，瑞典住房保障制度发生战略性的变革。政府通过贷款补贴和"第三"贷款(利率3.5%)等金融工具，使政府国有企业代替私有企业在住房供应中的主导地位。在此阶段，政府对市场的全面干预最为突出，政府作用的扩大表现在新机构的设置上和对中央和地方政府住房机构的强化上。在政策手段等方面也都达到了新的高度。1945年，瑞典提出了"低资金和低租金计划"的住房政策，形成了瑞典20多年住房政策的框架，明确提出消灭住房短缺，改善存量住房，进行城市更新；提高建筑面积标准；改善住房设备；运用政府行为降低租金，使宽敞、现代的两居室住房的租金保持在占工人平均工业工资收入的20%以内；鼓励住房建设的公共金融；加强地方政府在社会保障中的作用；向住户、住房协会和地方政府提供贷款以抑制住房建设的投机行为。20世纪80年代以来，瑞典住房保障政策不断朝向市场化方向发展，但在减少住房补贴的同时也使得瑞典经历着住房高成本和住房低建设量的困难阶段。

日本：明晰中央和地方政府的住房保障行政责任关系

与很多西方国家相比，日本可居住土地上的人口密度较大，在人口结构方面与我国有类似地方。日本在发展本国经济的同时非常重视住房产业以及保障性住房的建设与发展，如何在有限的可居住土地面积上实现"人人有房住"成为制定相关政策的基本目标。

"二战"后的日本为弥补由于战争损耗而造成的住房短缺，通过立法方式引进公有资金，大量建设住房。20世纪60年代开始执行住房产业化政策。自1955年到1990年，日本经历了35年的地价连续上涨。当90年代中后期房地产泡沫开始破灭时，日本住房政策展开调整。就在整个住房产业高速发展，地价、房价连续攀升的背景下，日本并没有忽视普通居民，特别是中低收入家庭的住房保障问题。日本运用财政和金融手段创造出独特的住房金融公库模式，向低收入家庭提供长期低息的住房消费金融支持，其贷款的年利率通常是4.1%至4.6%，平均利率要比商业银行贷款低30%左右，贴息部分则由公共财政部门承担。近五十年来，此项贷款已经惠及近2000万家庭。另外，日本通过颁布《住房建设规划法》《公营住房法》等法律法规，明确中央和地方政府在住房保障方面的行政责任。隶属于中央的都市基盘整备公团主要负责中心城市的住房保障，隶属于地方政府的住房供应公社则主要针对本地区情况开展相关建设和管理工作。同时，国家在必要的时候要对地方政府给予财政、金融等技术援助和政策援助。经过数十年的发展，日本基本形成了以上述"公社""公团""公库"共同构成的住房保障制度。

启示

尽管上述国家的经济社会背景各不相同，但通过总结和比较各国典型住房保障制度，我们不难发现在面对解决住房保障问题时，各国在政策理念、制度构想、内容和方法等方面都具有若干共同特征：

在政策理念方面，各国在住房保障体系的建构初衷都在于实现本国居民"居者有其屋"的基本目标，都认识到住房的商品性和公共性两大本质属性，明确了政府对这类特殊"商品"市场进行干预具有必要性与合法性。

在方法工具层面呈现出多元化趋势。在解决工具方面，综合运用公共管理工具和市场经济手段已成为各国解决住房问题的共识。通过立法和成立专门的公共部门保证中低收入者的住房福利，特别是充分利用金融工具在住房保障过程中的应用。住房保障是一个需要大规模资金投入的公共事务，局限于依靠政府财政支持必定会自缚手脚。

我国2010年中央财政安排的保障性住房建设资金为792亿元。2010年保障房的总体投资高达8000亿元，剩下的7000多亿元的资金均需要地方政府投入。2011年中央明确提出计划建设保障性安居工程任务是1000万套。相比2010年的580万套，增长72.4%。如果2012年的保障房计划可以顺利实施，商品住宅与保障房的比例几乎达到1:1，同样体量的保障房所需的投资资金高达1.4万亿元。如此庞大的资金需求由地方政府独自支撑几无可能，1.4万亿元已相当于地方政府全年的土地出让收入，而且前提是土地市场价格维持在2009年、2010年的高峰期。

因此，只有建立起适度灵活的住房保障投融资平台，并且银行、基金、保险等资金和民营企业资金都可通过投融资平台参与进来，才能给我国住房保障制度的全面建立与完善提供扎实的经济基础。

假日办撤销，带薪休假指日可待？

2014年9月17日运行14年后，全国假日旅游部际协调会议办公室（简称：假日办）正式撤销，其全部职能并入新设机构国务院旅游工作部际联席会议制度之中。2014年10月1日至7日，也就是全国假日办撤销后的首个长假，全国纳入监测的124个直报景区共接待游客3169.2万人次，同比增长3.8%；门票收入16.04亿元，同比下降2.43%。

问题随之而来，为什么假日办会被撤销，这个举动能不能够拯救假日经济呢？

在十年前，假日办有过一个很重要的历史作用，就是强制性给大家一个假期。不可否认，假日办还是做了一些工作，很有贡献。不过在过去我们也深受调休之苦。在网上许多网友吐槽，之前很多假期被调得有点乱；还有一些人发帖说，请一天或者两天的假，来争取更多的休假。

假日办不是一个权力部门，而且它的归口是在旅游产业方面，但是它的撤销为什么会带来这么大反响呢？其实，对此更准确来讲不是简单撤销假日办，而是升级为一种联席会议的形式。联席会议是升级版的假日办，就是假日协调办公室。国务院新设的旅游工作部即联席会议的规格是高于假日办的。假日办过去的职能包括协调、沟通、调研，以及一些基础的抽样调查、对底下的民情的了解。但是为什么说假日协调办公室是一个升级版的假日办，因为它有很强的指导和引导的力度了。过去是单纯的协调，就各个部门而言，比如说旅游部门、文化部门，以及交通部门等，单纯的建立协调沟通关系，往往协调不出结果。在咱们国家的行政机构的设置文化里面，权高一级压死人。只有在行政权力级别升格的同时，才可以有更强的协调和组织力。但从职能的目标定位上，假日办不仅仅有上传下达的功能，更多的是科学地引导我们在法定假期应该怎么休息，而不是简单的凑日子式规定调休日期。2014年春节的时候，假日办发布说除夕也要上班，当时网友就说，那我除夕打个电话过去看看他们到底有没有在上班。

当初为缓解亚洲金融危机的影响，想要刺激假日消费，进而拉动经济，中国从1999年的国庆开始，实行黄金周长假制度。假日办也随后设立了促进黄金周的假日经济。有人就说，现在假日办不管被撤销也好，被升级也好，都毫无疑问地凸显出了假日经济的颓势。

所谓假日经济，这本来就是一个奇葩。经济原本是一个常态化持续发展的过程，我们非得要人为的设定一种爆发式的消费周期。实际上这种爆发式假日经济本身就是不健康的，所有老百姓要在同一天出行，同一天消费。所以在景区经常会出现宰客的现象。很多景点可能一两个月不开张，一开张就吃一年。一年当中只有那几天是最活跃的，只有那几天有人流量。这样就造成了恶性循环，对于景区的产业环境发展是不利的。

当年因为黄金周的出现，国务院联合上下17个部门组成假日办。当初的愿望非常美好，就是保证全中国人民顺利休假。刚刚开始有黄金周的时候，大家爆发性的出行，因为以前从来没有过这么长的假期。老百姓会发现这是一种刺激、享受，当过个五年八年的时候，你再让他出去，他都不想出去，他想更灵活地调整他的假期。因为大家都出去的时候，带来的不是轻松和愉悦，而是苦恼和源源不断的纠纷。很多网友也吐槽，黄金周出去人挤人，看的是人不是景。所以到了该算算黄金周假日经济这本账的时候了。因为各种因非理性消费引发的社会纠纷、交通拥堵而产生的社会成本是巨大的。与此同时，假日经济的规模增长近年来相对平缓甚至递减，因为大家消费的理性在增强，假日经济发展的阶段性历史角色已经可以谢幕。

我们看假日办有25名员工，级别也是很吓人的，全部都是司级部级干部。当时在成立假日办的时候，目的具有双重性：第一个是短期内爆发性地拉动消费、经济；第二个是考虑到我们的企业以及整个市场环境造就了劳资关系的不对等，很多员工在平时没有年假的福利，即使有，也可能没有享受过。现在通过国家的强制力，要求大家都必须去休，所以它变相给老百姓提供了一种所谓的社会保障。但是这都违反了基本的经济规律。本身来讲假日办的主要功能不在于调休，而应该从社会保障的角度去维护老百姓的基本福利，而不能仅仅是为了拉动旅游的门票收入。

一个国家的节假日制度通常包括三个部分：第一个是法定节假日，就是为了纪念重大历史事件、政治事件、民族宗教活动的，这种假日不是用来休息、旅游的；第二种节假日是公休日，就是为了保证劳动者有一个时间休息而设立的；第三种是带薪休假，这个假期往往时间集中而且要长一点。公众期待肯定是这三种假期各司其职。那么，全国假日办升级之后，我们的假期怎么排呢，还调休吗？

这三种假期的制度，实际上都是带有强制性的。国家可以通过调休的方式，让大家生活得更舒服一点，当然了这要经过充分的民意调查，最为特殊的也是所有人最为关注的是第三种，就是所谓的带薪假或者带薪年假。我们的劳动法是有相关规定，但是它的执行的力度偏弱，带薪年假的企业文化也没有完全建立起来，而且每个单位的情况各有不同，这就是未来亟待解决的重点问题。我们的假日办上升为一个联席会议制度，我认为调休的方式还会持续一段时间。

全国假日办撤销能不能拯救假日经济，是不是更能够推动带薪休假？我们刚刚也说到带薪休假，带薪休假究竟该怎么进行保障呢。14年前成立假日办的时候，基本没有人提带薪休假这件事情。但是十年之后，中国旅游市场的发展，以及人们对于假期的渴求，带薪休假越来越成为员工必备的福利之一。基本上所有的发达国家带薪休假落实得都很好，特别是欧美发达国家，企业和员工之间这种关系能够处理的非常平衡。我们的经济发展结构失衡决定了我们的带薪休假通常是有名无实，现在重新强调带薪休假，这本身是一种进步，会有更多企业加入到鼓励员工进行带薪休假的行列中。现在看来，带薪休假本身对于企业来讲也是一种投资，员工休息好了，他的工作积极性就会高。为什么很多企业不愿意承担这个成本，是因为企业运营的成本很高，所以带薪休假不是简单的调休问题，不是假日办或者任何一个联席会议能解决的问题。它需要政府放松对中小企业的发展管制，减轻他们的税负负担。只有解决了企业外部成本问题，它才能有更多的精力或者成本来给这些员工福利。这是一系列循环的工作过程。国家甚至可以提供一种带薪休假的补贴，补给这些中小型企业。

带薪休假是非强制性的，虽然说法律上是强制性的，但不是统一的强制性。而黄金周等于是变相地成为了一个固化的强制性的全国年假。每年一到这个时候，全国人民都要带薪休假。它是市场发展到相当成熟的阶段才出现的产物。企业和整个经济环境变得相对健康持续发展的时候，人们才有休假的可能性，这是一种社会的进步。我们不能强力地进行人为的干预，你可以去相关的部门进行协调，但它属于个体行为。

至于，撤销假日办能不能拯救假日经济的问题，这取决于门票经济的懒政模式能否被打破。现在，门票虽然越来越贵，从表象上看目的是调节景区游客流量，你会发现这个作用几乎微乎其微，这就像指望提高停车费治理道路拥堵问题一样。过于单一依赖的旅游门票收入，导致了景区当地的相关的产业并没有被拉动，比如说，当地餐饮、当地的文化展示、表演演出。整个的旅游文化产业链没有形成，它会造成假日经济变成一种暴发户式的经济，便成了一种宰人经济。现在旅游市场已经是买方市场了，所以只有树立一个良性的旅游产业循环的结构，才可能拯救假日经济。

警惕"低生育陷阱"，经济增长离不开人口红利

社科院的报告指出，中国目前的总和生育率只有1.4，这个水平已经非常接近国际上公认的1.3的"低生育陷阱"。历史经验表明，所有落入这一"陷阱"的国家，都没能再重新达到人口更替水平。因此，人口生育政策越早调整，产生的效果就越明显。单独二孩政策在十八届三中全会后启动。2014年11月5日，国家卫计委公开表示，目前全国共有约70万对符合条件的夫妻提出二孩申请，与此前预计每年约200万对夫妻申请差距较大。舆论预想中的第一波生育小高潮并没有如期到来。在一些沿海经济发达城市，甚至出现计生人员开始"催生"的现象。放开单独二孩，是为了应对老龄化程度加剧和逐渐消失的人口红利。要不要全面放开二孩？为什么"让生却不生"？没有人口红利做保障，"新常态"下的经济如何保持增长？中央人民广播电台经济之声《央广财经评论》节目就这些问题对笔者进行了专访。

记者：国家卫计委表示说全面放开二孩还没到时间表，暂时还不能全面放开是出于什么样的原因？

刘艳：我们制定一个政策需要强有力的数据支持的同时，更需要有政策自信心，之所以从计划生育到单独二孩的放开，再到以后全面放开二孩，实际上是一个循序渐进的过程。70万和200万如此大的政策预期差

距并没有达到我们刺激新增人口的预期目标，这个时候势必要分析一下是什么原因造成的。很明显其中有一条是我们在人口普查的时候，可能缺乏这样专题性的调查，我们高估了对于单独有一个孩子夫妇的数量，同时也过度担忧放开以后的暴增，需要社科院出具一份有前瞻性的报告，而不是说像过去那样遇到问题头痛医头，脚痛医脚。因为如果全面放开二孩还没有见效，我们后边是不是还可以谁多生孩子我鼓励谁，这就达到我们更加有刺激作用政策。2.1是国际通行人口更替生育率，但是中国目前仅仅是1.4，上海更低，0.83。所以刺激到什么程度还需要摸索，而不是简单遇到问题就全面放开，全面放开依然有棘手的问题存在。

记者：我们必须还要有所防备，假如我们全面放开二胎之后，二胎的生育率仍然不高，中国生育率总水平仍然下降，我们创造新的人口红利的目标就难以实现了，那这对于咱们正在逐步踏入人口老龄化通道的国家而言压力是巨大的，经济增长也会面临更多的困难，如果真的出现这样的情况，该怎么应对？

刘艳：现在来讲，中国未富先老的社会危机，不比我们过去担忧人口超生给经济带来增长的压力小。韩国就是一个非常明显的例子，韩国在1996年正式废除了长达近40年的人口控制政策。人口政策是一个长期的政策，也取决于政策出台前所面临的社会现实。任何公共政策没有不退市的道理，它都是一个阶段性的东西，只不过我们怎么判断政策更迭的临界值，这非常考验执政者的智慧。

油价"八连跌"，北京燃油附加费你咋还没降？

油价"八连跌"，多个城市下调出租车燃油附加费，京沪宁等核心城市出租车行业却"按兵不动"，是相关部门不作为吗？这笔燃油附加费又流向何方？对于百姓最近关注的这个话题，笔者在中央人民广播电台经济之声《央广财经评论》节目专访中进行了解读。

记者：北京等城市为什么没有下调出租车燃油附加费？有人提出两个观点，一是政策调整可能多少有些滞后；二是相关监管部门没有及时作为。您怎么看这个问题？

刘艳：滞后这一表象，归根结底不具备这样的动力。按照老百姓话来讲，我们一向是跟涨不跟跌。特别是在油价问题上，现在油价八连跌了，机场的燃油附加费都降了，出租车不降，似乎有点说不太过去。老百姓之所以对这个事情特别在意，源于我们的政策的透明度不够，也就是附加费跑哪去了，到底交给谁了？从2009年开始增收附加费，一直就没有说清楚过。到了2013年，也就是过了四年以后才开始实施这种动态调整办法，这也是无奈之举。这个动态调整的0.8元标准，是否合理，也没有做过一个合理的解释和认证。这个测算过程对于老百姓来讲是很复杂的。政策不是法律，它的灵活性、它的政策的执行制定和反馈的灵活性要远高于法律，也就是说我们公共政策的制定和调整的结构，要随着市场环境的变化走。如果在附加费事情上，能够达到这种像采取临时单双号限行办事效率的话，我坚信中国出租车燃油附加费一定能够解决，它至少会透明化。

油价涨跌影响不仅仅是燃油附加费，也是各种物价涨跌的依据之一。燃油附加费是不是应该根据油价涨跌来做一个简单的调整，恐怕也不完全，它要综合考虑供求关系，以及人们出行的习惯的改变来进行调整，也就是说燃油附加费能够建立，也能取消。否则的话，老百姓交各种各样的费用越来越多了。对于老百姓来讲，它不管是什么样名义的税或者费，都是一种生活成本的增加，都是一种涨价的行为。

我们的燃油附加费应该明明白白的涨价，明明白白的降价。只有让它更加透明、公开，把每件事情用老百姓的语言给大家解释清楚，并且反馈及时，老百姓掏这个钱才会心甘情愿。这一次是11月14日油价下降，11月18日北京市发改委才开始对这个问题进行回应。这四天时间已经是很长了。

我个人认为应该是几方共同来承担这部分的油价降价或者是波动成本，而不仅仅是司机和乘客承担。即使是司机来承担这部分的成本，乘客也是最终的受害者，它并没有获得直接的利益。所以，动力不足源于出租车行业和公司的利润阻力，我们的政策在调整行业治理方面来讲，要做到知难而进，而不是知难而退。

"滴滴专车们"运营急需政府定位

近期，交通运输部肯定了专车模式的创新，滴滴专车、一号专车的市场推广似乎大有持续之势，与此同时，易到用车、神州租车大举挺进专车市场。而有报纸近日援引滴滴专车司机的说法，说滴滴将开始向专车司机按天收取份子钱，滴滴专车则表示所收费用其实是租车费，按天向司机收取160元至180元不等。昨天，滴滴专车再次向媒体强调，向司机所收汽车租赁费"是会交给租赁公司的"。对于这笔费用的具体收取进展和规划，滴滴专车没有做出回应。

伴随汽车租赁企业的正式入局，目前专车模式已出现轻重资产两大模式，轻资产只做平台，重资产自己有运营车辆。业内人士分析两种模式各有优劣，未来的发展还得看未来的政策方向。

笔者就以上问题接受了中央人民广播电台经济之声《央广财经评论》节目的专访。

要明确平台收费的性质与目的以及平台的职责

记者：最近的专车市场可谓一波未平一波又起，交通运输部刚肯定了专车模式的创新，但指出如果私家车作为专车是违法的。滴滴专车近日就传出对司机收费的消息，滴滴表示这是汽车租赁费用，我们刚刚采访的评论员认为，收费也是为了回应交通部门的监管。对于这个收费，您怎么看？

刘艳：最近专车的新闻的确都是头条，也是一条接着一条。我觉得份子钱有一石激起千层浪的重量。首先这个平台有没有资格收取，收的是什么？如果收的是信息中介的费用，是搭建信息平台费用的成本是没问题的，但是如果是代替租车公司甚至代替出租车公司来收份子钱的话，我想该公司应该是没有资格的。

记者：有的评论员认为收费是为了回应交通部门的监管，有一种投石问路的这种举动在里面，您同意他的分析吗？

刘艳：这个解释是比较牵强的，因为不能把商业模式的创新和监管的安全资格规范混为一谈。还是刚才我强调一个观点，要明确收的是什么钱？为什么收这笔钱？这些是由市场由司机的供求双方来投票。但是如果一些监管部门要求它收费，或者赋予它这个资格的话，我想这个平台承担的责任就不仅仅是一个信息服务运行的责任了，就变成了一个出租车公司或租赁公司，这我想还是有需要探讨的。

互赢的运营模式是最优结果

记者：目前专车市场仍然处在一个探索期，但是我们注意到竞争已经开始加剧了，随着神州租车、易海出行这样公司的加入，专车也开始出现了两种运营模式，一种是轻资产，一种是重资产，对于这两种专车模式未来的竞争您觉得哪一种胜算概率会大一些？

刘艳：轻资产和重资产最终要走到一起。重资产的这些租赁的公司因为有很多辆车需要维护，最终是要和互联网电商化的轻资产的租赁公司来达成一个共赢和共识，最终有可能形成线上和线下共同打造，比如滴滴电商这样一种模式。轻资产和重资产所谓的对抗和竞争，因为各自都有各自的成本，互联网的运营成本、系统管理成本是很高的，汽车的租赁和折旧成本仅仅是它运营的一部分，所以要相互支撑，然后达到一个为消费者提供更好服务的竞争局面，这是才是最优结果。

政府应首先给予准确的市场监管定位

记者：对于专车未来的发展，它的发展模式我们刚才已经分析了，那接下来就是一种有效的监管了，怎么监管才算是有效的，才能够促进市场合法而有序的发展，而不是简单单单只是一个份子钱一收了之？

刘艳：首先政府要着手进行快速高效的研究，给现在新出现滴滴专车进行一个准确客观的市场监管的定位，它到底是什么，因为黑车和专车有很大的区别。黑车首先它的信息是未知的，它的人员是不可靠的，它所有的一切对于消费者来讲都是未知的。但是专车不一样，它缩短了消费者和司机之间信息不对称的关系，节省了所谓的信息不对称的成本，所以才造成了专车和一些出租车的冲突。原本专车是提供DIY高端服务的，本来不会和出租车进行冲突的，之所以出现这样的冲突正是因为现在这种物联网化的服务专车降低了消费者的成本，提高了它的服务的质量，而出租车成本没降下来，质量也没上去，所以它们才会出现冲突。这个时候政府应该承担监管的责任，而不仅仅是和出租车公司以及滴滴打车互联网公司进行一个座谈，然后让他们各自去解决各自的问题。

后记

改革红利离你还有多远?

　　很多事自己总觉得别人做起来很容易，轮到自己尝试的时候才知道这其中的辛苦周折，比如写书出书这件事。不过比作者更辛苦的却是读者，因为读者不但要先读出作者的文字意图，同时还要悟出自己的内心需求。不过，如果一本书被读者评价为生涩难懂，我一定不相信是因为所谓的"众口难调"，找借口总是不好的习惯。

　　就像说挣不到钱赖社会一样，怨天怨地最后除了变成怨妇、屌丝男之外没有其他归宿。所以包括作者在内的诸位应时常激励自己一句话"改革再出发，你准备好了吗"，而不能是"改革又出发，我怎么又没赶上"的胡思乱想。"不离不弃"是改革进程的旁白，如果选择旁观那就必须接受红利收获的差距。这世上没有无缘无故的红利，也没有无缘无故的错过。改革首先是一种决心，投资首先是一种信念，学习首先是一种敬畏。把握好学习进修和投资改革的关系才有可能让改革的红利离你更近一点。

　　《改革再出发，你准备好了吗？》首先最希望各位读者能够从中读出什么是改革的"红利"，什么是符合自己能力和认知范围的投资红利。其实，改革带给我们的最大红利莫过给予人们一个全新的发展机会。机会总是留给有准备的人，道理虽俗但还是要强调，投资需要大心脏，但前提是要有大智慧。股市和楼市是中国老百姓投资的两大战场，至于其他的投资种类似乎只有在股市、楼市都熄火了的时候才会考虑，殊不知包括创业在内的"辅助"投资渠道的获利机会正是在"不受待见"的时候出现的。这再次验证了投资是一门哲学的定理，心态决定状态，没有最好的投资机会，只有更好的机会选择。当一个社会的投资需求成为一种刚需的时候，能跑赢社会投资行情的人不再是那些"有钱任性"的群体，而是让投资获益变得越发具有技术含量。

走在改革的大道上，别人能最有效帮到你的是建立路标，而不是代替你选择路径和替你走路。每当遇到诸如"请直接告诉我现在投资什么最容易赚钱"此类的问题，我总会反思我们的投资文化的确非常匮乏。投资中石油、中石化最挣钱，可是和散户不沾边；成为乔布斯挣起钱来最高大上，可是我们又没有乔布斯的天分与专注。毫无疑问，当今社会缺的不是投资机会和资金，缺的还是文化。授之以鱼不如授之以渔。这个道理不能吃透，就相当于和改革红利说再见！那才是真的跟钱有仇！

总之，衷心感谢各位读者对本书的包容与捧场。一本好书的背后不仅仅站着一个勤奋的作者，更凝聚着出版团队的汗水和读者们的不离不弃。在此，谨以此书献给对我关爱有加的老师学长，献给一路支持和陪伴我的小伙伴们，献给每天关注我且不离不弃的粉丝们，更要献给抚育和教育我成长的妈妈。

刘艳

2015年1月19日

于北京大学廖凯原楼